टी-20

ग्लैमर, बिज़नेस और मनोरंजन से भरपूर

क्रिकेट का रोमांच

टी-20

ग्लैमर, बिज़नेस और मनोरंजन से भरपूर
क्रिकेट का रोमांच

नीरज माहेश्वरी

Nine
BOOKS

4695, 21-ए, दरियागंज, नयी दिल्ली 110 002

फ़ोन +91 11 23273167 फ़ैक्स : +91 11 23275710

sales@vaniprakashan.in

T-20

GLAMOUR, BUSINESS AUR MANORANJAN SE BHARPOOR CRICKET KA ROMANCH

by Neeraj Maheshwari

ISBN : 978-93-89012-07-1

Sports

प्रथम संस्करण

मूल्य : ₹ 199

सिटी प्रेस, दिल्ली-110 095 में मुद्रित

नाइन बुक्स, वाणी प्रकाशन का पॉपुलर उपक्रम

आभार

मैं हृदय से आभार प्रकट करता हूँ भारतीय क्रिकेट के उन सितारों का जिनके खेल की वजह से मुझे इस खेल के बारे में लिखने का प्रोत्साहन मिला।

भारत के पूर्व राष्ट्रपति प्रणव मुखर्जी द्वारा स्वर्ण कमल 2016 पुरस्कार से सम्मानित वाणी प्रकाशन के प्रबन्ध निदेशक अरुण माहेश्वरी और निदेशक अदिति माहेश्वरी-गोयल व उनकी सम्पादकीय टीम का जिन्होंने इसे पुस्तक रूप में प्रकाशित किया।

सभी समाचार पत्र-पत्रिकाओं जैसे नवभारत टाइम्स, दैनिक भास्कर, राजस्थान पत्रिका, जनसत्ता, दैनिक जागरण, हिन्दुस्तान टाइम्स इत्यादि का। सभी सोशल साइट्स जैसे फेसबुक आदि और क्रिकेट के खेल से जुड़ी ऑनलाइन ख़बर जैसे क्रिकबज और क्रिकेट विकीपीडिया का। पिछले ग्यारह सालों में क्रिकेट के इस महाकुम्भ आई.पी.एल. टी-20 के बारे में प्राप्त की गयी जानकारी से पूर्ण आई.पी.एल. टी-20 की ये किताब इन सभी को समर्पित है।

प्रस्तावना

आई.पी.एल. टी-20 एक ऐसा खेल है जिसकी ख्याति आज पूरे विश्व में एक अलग ही पहचान बनकर उभर रही है।

2008 में शुरू हुए इस खेल की फैन फॉलोइंग साल-दर-साल बढ़ती ही जा रही है। गली, मोहल्ले, बाज़ार, ऑफ़िस, होटल, रेस्टोरेण्ट इत्यादि कुछ भी इस खेल से अछूता नहीं रह गया है। रेस्टोरेण्ट और होटल्स में इस खेल के सीजन में हर शाम अलग-अलग तरीकों से पैकेज आयोजित किये जाते हैं। दर्शक फैमिली और फ्रेण्ड्स के साथ वहाँ जाकर भरपूर मनोरंजन करते हैं।

आई.पी.एल. टी-20 के सीजन में एक लहर चलती है जो सभी दर्शकों को अपने साथ हर साल एक नयी ऊँचाई पर ले जा रही है।

यह एक ऐसा मनोरंजन है जिसमें सब कुछ समाया हुआ है।

इस खेल के दिग्गज चाहे वह नये खिलाड़ी हों या पुराने, हर कोई किसी-न-किसी रूप में इससे जुड़ा हुआ है। कोई मैच में कमेण्ट्री करता नज़र आता है तो कोई किसी चैनल पर मैच का विश्लेषण करता नज़र आता है। बहुत-से खिलाड़ी अपनी ख़ूबसूरत यादें इन चैनलों पर शेयर करते हैं, जैसे महान खिलाड़ी कपिल देव, सुनील गावस्कर इत्यादि।

सीनियर क्रिकेट खिलाड़ी हो या कुछ ही वक़्त पहले अन्तरराष्ट्रीय क्रिकेट को अलविदा कहने वाला खिलाड़ी, हर कोई इस टी-20 क्रिकेट का मज़ा लेता है और दर्शकों का भरपूर मनोरंजन करता है और कुछ-न-कुछ सिखाकर ही जाता है। बहुत सारे क्विज़ का भी आयोजन किया जाता है और जीतने वाले दर्शकों को पुरस्कार भी दिया जाता है।

क्रिकेट के इस टी-20 टूर्नामेंट से कई ऐसे दिग्गज भी जुड़े हुए हैं जो कहीं-न-कहीं किसी क्षेत्र में बहुत ख्याति प्राप्त कर चुके हैं। इनमें से कइयों को तो राष्ट्रीय पुरस्कार भी मिला हुआ है।

जी हाँ, हम बात कर रहे हैं फ़िल्म इण्डस्ट्री से जुड़े कुछ ख्याति प्राप्त कलाकारों की जैसे शाहरुख़ ख़ान, जूही चावला और प्रीति जिण्टा इत्यादि।

क्रिकेट के सुपरस्टार, फ़िल्म कलाकार और व्यापार जगत से जुड़े विश्वव्यापी दिग्गज हर किसी का संग्रह है यह क्रिकेट महाकुम्भ।

नीरज माहेश्वरी

अपनी बात

कासगंज, उत्तर प्रदेश का एक ऐसा शहर है जहाँ मैंने अपना बचपन बिताया। स्कूल की शिक्षा मैंने इसी शहर से प्राप्त की। ये ही वह शहर है जहाँ मैंने गली-मोहल्ले का क्रिकेट खेला और देखा। वह घरों की छतों पर खेला गया क्रिकेट और स्कूल की क्लास छोड़कर शहर के नज़दीक ही स्थित ग्राउण्ड पर खेला गया क्रिकेट आज भी बहुत याद आता है। बड़े व छोटे भाई और दोस्तों के साथ खेला गया क्रिकेट न भूलने वाला है।

समय के साथ शिक्षा पूरी की, फिर कुछ समय नौकरी के बाद आज राजस्थान के जयपुर शहर में व्यापार कर रहा हूँ।

मन में कुछ-न-कुछ नया करने का हमेशा से उत्साह बना रहता था, एक नया सॉफ्टवेयर डेवलप करने का विचार और उस पर अमल करना इसी का एक उदाहरण है।

फिर पिछले दस सालों से भारतीय क्रिकेट को एक नयी दिशा में जाते हुए देखकर इस पर कुछ नया करने का विचार मन में आया तो बेटे अक्षत ने इस पर एक किताब लिखने का आइडिया दिया। लिखने का अनुभव तो था नहीं, परन्तु जब किताब जगत से जुड़े किसी अपने ने प्रोत्साहित किया तो आई.पी.एल. टी-20 के बारे में लिखने का मन बना लिया। जब मन बना तो परिवार में पत्नी शिल्पी माहेश्वरी और बेटी नन्दिनी माहेश्वरी

का भरपूर सहयोग मिला। आई.पी.एल. टी–20 एक ऐसा खेल जो वाकई यह सिद्ध करता है कि अगर आप में प्रतिभा है तो आप कहीं–न–कहीं अपनी प्रतिभा को सिद्ध कर सकते हैं।

नीरज माहेश्वरी

अनुक्रम

इतिहास : आई.पी.एल. का शुरूआती सफ़र

इण्डियन प्रीमियर लीग टूर्नामेंट के शुरू होने के एक साल पहले भारत ने टी-20 2007 में विश्व कप जीतकर सभी भारतीयों को टी-20 क्रिकेट का दीवाना बना दिया था। भारतीय क्रिकेट प्रेमियों की इस दीवानगी को देखते हुए एक नये तरीक़े का टूर्नामेंट आयोजित करने का प्रस्ताव दिया गया।

इस टूर्नामेंट को इंग्लिश प्रीमियर लीग और अमेरिका की नेशनल बास्केटबॉल लीग (एनबीए) की तरह रखने का प्रस्ताव दिया गया और इसी आधार पर रखा गया।

इस प्रथम आई.पी.एल. टूर्नामेंट को बनाने के पीछे पूरा दिमाग़ ललित मोदी का था जो उस समय आई.पी.एल. के कमिश्नर बने। पहला टूर्नामेंट साल 2008 में खेला गया।

इस टूर्नामेंट के लॉन्च होने पर कुछ नया किया गया। इसने एंटरटेनमेंट इण्डस्ट्री के लिए भी रास्ते खोल दिये-क्रिकेट खिलाड़ी, बॉलीवुड स्टार और बिजनेसमैन का संगम। फ्रेंचाइजी आधारित प्रणाली पर टूर्नामेंट को शुरू किया गया और नीलामी के द्वारा फ्रेंचाइजी को बेचने का अधिकार दिया गया।

इस आई.पी.एल. में टीमों की संख्या 8 रखी गयी। जो भारत के अलग-अलग शहरों के नाम पर थीं।

24 जनवरी, 2008 को आई.पी.एल. गवर्निंग बॉडी ने एक बड़ा कदम उठाया।

आई.पी.एल. ने इस दिन सभी 8 शहरों के फ्रेंचाइजी की घोषणा की। जिसमें बड़े बिजनेसमैन और बॉलीवुड के नाम शामिल थे।

आई.पी.एल., जिसका आधार मूल्य US 400 मिलियन डॉलर का रखा गया था। करीब दोगुना US 723.59 मिलियन डॉलर में इन सभी आठ टीमों को बेचा गया। इन सभी में सबसे महँगी फ्रेंचाइजी मुम्बई की रही जो US 111.9 मिलियन डॉलर में बिकी। फ्रेंचाइजी के लिए ये बोलियाँ अलग-अलग क्षेत्रों/व्यवसायों से

सम्बद्ध लोगों ने लगायीं। इन सभी बोलियों को जीतने वाले कुछ प्रमुख नाम हैं—बॉलीवुड के टॉप स्टार—**शाहरुख़ ख़ान और प्रीति जिण्टा, हैदराबाद स्थित एक अखबार कम्पनी ग्रुप, यूके स्थित मीडिया राइट कम्पनी** और कुछ बड़े नाम जैसे—**रिलायंस इंडस्ट्रीज—मुकेश अम्बानी संचालित, भारत के सबसे अमीर व्यक्ति और विजय माल्या जिनकी अपनी फॉर्मूला 1 टीम भी है।**

उस समय के आई.पी.एल. चेयरमैन और कमिश्नर ललित मोदी ने कहा कि आई.पी.एल. आईसीसी से मान्यता प्राप्त है और घरेलू और बाहर के मैदानों में खेल सकती है।

आई.पी.एल. की सफलता का एक बहुत बड़ा हिस्सा उसके खेल के साथ मनोरंजन से भी जुड़ गया था। बॉलीवुड और क्रिकेट अब मनोरंजन के दो बहुत बड़े नाम हो गये थे।

और यही नहीं इन सबके साथ फ़िल्मी सितारों का जुड़ाव जैसे कि शाहरुख़ ख़ान, प्रीति जिण्टा और जूही चावला ने इस खेल को एक अलग तरह की राह दिखा दी थी। बीसीसीआई ऑफ़िस मुम्बई में होना मीडिया के लिए एक अलग ही तरह का माहौल बना रहा था।

ये एक ऐसा आयोजन होने जा रहा था जो दुनियाभर के क्रिकेटप्रेमी ही नहीं बल्कि खिलाड़ियों में एक अलग तरीके का रोमांच पैदा कर रहा था। खिलाड़ियों की बोली के अनुसार उनको अलग-अलग टीमों में खेलना था।

हालाँकि टॉप 4 भारतीय खिलाड़ियों को इस बोली में नहीं रखा गया था। सचिन तेंदुलकर, सौरभ गांगुली, राहुल द्रविड़ और युवराज सिंह को उसने घरेलू टीमों के साथ खेलने को रखा। दिल्ली डेयरडेविल्स के कहने पर वीरेन्द्र सहवाग को आईकॉनिक प्लेयर में रखा गया।

आई.पी.एल. की किस टीम का मालिक है कौन?

चमक-दमक और बेतहाशा पैसा आई.पी.एल. का पर्याय है। बेशुमार दौलत के दम पर ही आई.पी.एल. की तैयारियाँ होती हैं। लेकिन क्या आप जानते हैं कि आई.पी.एल. की आठ टीमों के मालिक कौन-कौन हैं, आइए जानते हैं।

बिजनेस टायकून मुकेश अम्बानी की कम्पनी रिलायंस इण्डस्ट्रीज़ लिमिटेड ने

मुम्बई फ्रेंचाइजी को सबसे महँगी बोली 111.9 मिलियन डॉलर लगाकर खरीद लिया।

दूसरी महँगी टीम बैंगलोर को विजय माल्या की यूनाइटेड ब्रेवरीज़ ने 111.6 मिलियन डॉलर में ख़रीदा।

हैदराबाद फ्रेंचाइजी को मीडिया हाउस डेक्कन क्रॉनिकल ने 107 मिलियन डॉलर में ख़रीदा।

चेन्नई फ्रेंचाइजी को इण्डिया सीमेन्ट्स ने 91 मिलियन डॉलर में ख़रीद लिया और अब बारी थी बॉलीवुड की, बॉलीवुड स्टार प्रीति जिण्टा ने नेस वाडिया के साथ मिलकर पंजाब फ्रेंचाइजी को 76 मिलियन डॉलर में ख़रीदा और सुपर स्टार शाहरुख़ ख़ान और जूही चावला ने मिलकर कोलकाता फ्रेंचाइजी को 75.06 मिलियन डॉलर में ख़रीद लिया।

जी एम आर जो कि एक इन्फ्रास्ट्रक्चर के रूप में जाना जाता है। इस ग्रुप ने दिल्ली फ्रेंचाइजी को 84 मिलियन डॉलर में ख़रीदा। इसके बाद जयपुर फ्रेंचाइजी को मनोज बदाले और लचलान मर्डोक ने दूसरे इन्वेस्टर के साथ 67 मिलियन डॉलर में ख़रीदा।

आई.पी.एल. के प्रथम सीजन (2008) में कुल आठ टीमें थीं। हर टीम में 16 खिलाड़ी होना जरूरी था।

जिस तरह से आई.पी.एल. की शुरुआत की गयी उससे ये तो साफ़ हो गया कि क्रिकेट अब पहले जैसा खेल नहीं रहा। आई.पी.एल. में बॉलीवुड ग्लैमर की चमक और उपस्थिति के साथ ही बिजनेस टाइकून्स द्वारा एक नया अध्याय लिखा जा रहा था। जो क्रिकेट के मैदान में एक नये तरीके की क्रान्ति ला रहा था।

टेलीविज़न अधिकार

जनवरी, 2008 में यह घोषणा हुई कि भारत की सोनी एंटरटेनमेंट टेलीविज़न (सेटमैक्स) से मिलकर एक संघ नेटवर्क और सिंगापुर स्थित वर्ल्ड स्पोर्ट्स ग्रुप ने आई.पी.एल. के प्रसारण के वैश्विक अधिकार हासिल कर लिये हैं। यह रिकॉर्ड सौदा US 1,026 बिलियन डॉलर की लागत से दस साल की अवधि के लिए हुआ।

आई.पी.एल. में शुरुआत में आठ अलग-अलग फ्रेंचाइजी ने टीमों को ख़रीदा। ख़रीद की यह प्रक्रिया बोली के अनुसार सम्पन्न हुई।

इन टीमों का वर्णन इस प्रकार है—

1. चेन्नई सुपर किंग्स

(Chennai Super Kings—CSK)

चेन्नई टीम का कप्तान आइकन खिलाड़ी महेन्द्र सिंह धोनी को बनाया गया और केपलर वेसल्स को कोच बनाया गया।

नारायणस्वामी श्रीनिवासन (जन्म–3 जनवरी, 1945) एक भारतीय उद्योगपति हैं। वह इण्डिया सीमेंट्स लिमिटेड के प्रबन्ध निदेशक हैं।

इण्डिया सीमेंट्स कम्पनी इण्डियन प्रीमियर लीग (आई.पी.एल.) की फ्रेंचाइजी टीम चेन्नई सुपर किंग्स की मालिक है और कम्पनी के प्रबन्ध निदेशक/मालिक श्रीनिवासन तमिलनाडु क्रिकेट एसोसिएशन (टीएनसीए) के अध्यक्ष हैं। श्रीनिवासन तमिलनाडु गोल्फ फेडरेशन के अध्यक्ष भी हैं और ऑल इण्डिया शतरंज फेडरेशन के पूर्व प्रेसिडेण्ट हैं। श्रीनिवासन को तमिलनाडु क्रिकेट एसोसिएशन के अध्यक्ष के रूप में 12 जून, 2015 को चुना गया था। श्रीनिवासन 2002–2003 से टीएनसीए का नेतृत्व कर रहे हैं। 26 जून 2014 को वह आई.सी.सी. के अध्यक्ष बने। 22 नवम्बर, 2015 को उन्हें आईसीसी के अध्यक्ष पद से हटा दिया गया।

श्रीनिवासन के दामाद गुरुनाथ मयप्पन स्पॉट फिक्सिंग मामले में दोषी पाये गये थे। जिसके बाद टीम को आई.पी.एल. से बाहर का रास्ता दिखा दिया गया था। श्रीनिवासन दक्षिण भारत के जाने–माने उद्योगपति हैं। एन. श्रीनिवासन बीसीसीआई के पूर्व अध्यक्ष रह चुके हैं।

कप्तान : महेन्द्र सिंह धोनी, कोच : स्टीफ़न फ्लेमिंग, मालिक : चेन्नई सुपर किंग्स क्रिकेट लिमिटेड।

टीम की जानकारी

स्थापना—2008, 2015 से 2017 (2 साल के लिए प्रतिबन्धित)।

टीम की ड्रेस का रंग—पीला एवं नीला

घरेलू मैदान—एम.ए. चिदम्बरम स्टेडियम (चेपॉक)।

क्षमता—50,000 दर्शक बैठ सकते हैं।

चेन्नई सुपर किंग्स इंडियन प्रीमियर लीग की चेन्नई फ्रेंचाइजी है जिसके 2008 से 2015 तक कप्तान भारतीय क्रिकेट टीम के पूर्व कप्तान महेन्द्र सिंह धोनी थे तथा टीम के कोच न्यूजीलैंड क्रिकेट टीम के पूर्व कप्तान स्टीफ़न फ्लेमिंग थे। 2016 में स्पॉट फिक्सिंग के मामले में आने के कारण टीम को 2 सालों के लिए प्रतिबन्धित कर दिया गया। जो न तो 2016 में हिस्सा ले पाई और न ही 2017 में। 2016 में

इण्डियन प्रीमियर लीग में चेन्नई सुपर किंग्स की जगह राइजिंग पुणे सुपरजायंट्स ने भाग लिया जिसके कप्तान भी महेन्द्र सिंह धोनी थे। टीम का मूल ग्राउण्ड चिदम्बरम स्टेडियम, चेपॉक, चेन्नई है। इसके ब्रांड एम्बेस्डर प्रसिद्ध ड्रमर शिवमणि हैं। स्थापना के समय टीम का नाम चेन्नई सुपरस्टार्स रखा गया था जो कि बाद में बदल दिया गया था। अब तक इंडियन प्रीमियर लीग में सबसे ज़्यादा रन बनाने वाले खिलाड़ी भी चेन्नई सुपर किंग्स के सुरेश रैना रहे हैं जो कि 2016 में गुजरात लॉयन्स टीम के कप्तान थे।

2. डेक्कन चार्जर्स—नया नाम सनराइजर्स हैदराबाद

(Sunrisers Hyderabad—SRH)

डेक्कन चार्जर्स टीम का कप्तान आइकन खिलाड़ी वीवीएस लक्ष्मण को बनाया गया और रॉबिन सिंह को कोच बनाया गया।

सनराइजर्स हैदराबाद इण्डियन प्रीमियर लीग की हैदराबाद फ्रेंचाइजी है। इस टीम के कप्तान डेविड वार्नर और कोच टॉम मूडी हैं। सनराइजर्स हैदराबाद फ्रेंचाइजी के मालिक सन नेटवर्क के मालिक कलानिधि मारन हैं। टीम का घरेलू मैदान राजीव गाँधी अन्तरराष्ट्रीय क्रिकेट स्टेडियम है।

वर्ष 1964 में जन्मे कलानिधि मारन एशिया के सर्वाधिक लाभदायक प्रसारक ब्रॉडकास्टर सन नेटवर्क के अध्यक्ष एवं प्रबन्ध निदेशक हैं। सन नेटवर्क से सम्बन्धित होने के कारण टीम के नाम के आगे सुन शब्द जोड़ा गया। जून, 2010 में उन्होंने भारत की सर्वाधिक लाभदायक एयरलाइन्स स्पाइस जेट का अधिग्रहण कर लिया। उनके टीवी चैनल और अख़बार मुख्यतः दक्षिण भारत में केन्द्रित हैं जबकि एफएम रेडियो चैनल, डीटीएच सर्विस तथा एयरलाइन्स पूरे देश में फैले हैं।

फोर्ब्स मैगज़ीन ने भारत के बीस सबसे अमीर व्यक्तियों की लिस्ट में मारन का नाम शामिल किया है।

3. कोलकाता नाइट राइडर्स

(Kolkata Knight Riders—KKR)

कोलकाता नाइट राइडर्स के कप्तान रोबिन उथप्पा, कोच जैक्स कैलिस, मालिक शाहरुख़ ख़ान, जूही चावला और जय मेहता।

कोलकाता नाइट राइडर्स इण्डियन प्रीमियर लीग की कोलकाता

फ्रेंचाइजी है। 2017 तक इस टीम के कप्तान गौतम गम्भीर थे और कोच थे डेव व्हाटमोर। अब इसके कप्तान हैं दिनेश कार्तिक तथा कोच हैं जैक्स कालिस। दिनेश ही इसके आइकन खिलाड़ी भी हैं। इस टीम का आदर्श वाक्य है—कोरबो लोड़बो जीतबो रे (हिन्दी : करेंगे लड़ेंगे जीतेंगे)। इसके स्वामित्व में शाहरुख़ ख़ान, जूही चावला के नाम आते हैं।

टीम की जानकारी

स्थापना—2008
शहर—कोलकाता, पश्चिम बंगाल
टीम की ड्रेस का रंग—बैंगनी और सुनहरा
घरेलू मैदान—ईडन गार्डन
क्षमता—68,000 दर्शकों के बैठने की

टीम का इतिहास

2008 में भारतीय क्रिकेट कण्ट्रोल बोर्ड (बीसीसीआई) ने एक आधुनिक क्रिकेट टूर्नामेंट बनाया—इण्डियन प्रीमियर लीग जो कि ट्वेण्टी प्रपत्र पर आधारित है। आठ टीमों ने इस टूर्नामेंट में भाग लिया। मुम्बई में होने वाली नीलामी में बॉलीवुड सुपरस्टार शाहरुख़ ख़ान की कम्पनी रेड चिलीज एण्टरटेनमेंट और अभिनेत्री जूही चावला तथा उनके पति जय मेहता ने साझेदारी कर टीम को खरीदा था।

टीम का नाम 1980 के दशक में लोकप्रिय अमेरिकी टेलीविज़न शृंखला नाइट राइडर से लिया गया है।

शाहरुख़ ख़ान

2 नवम्बर, 1965 को जन्मे शाहरुख़ ख़ान को अनौपचारिक रूप में एसआरके (SRK) के नाम से भी जाना जाता है। वह एक भारतीय फ़िल्म अभिनेता हैं। अकसर मीडिया में इन्हें 'बॉलीवुड का बादशाह', 'किंग ख़ान', 'रोमांस किंग' और 'किंग ऑफ़ बॉलीवुड' नामों से भी पुकारा जाता है। शाहरुख़ ने रोमांटिक नाटकों से लेकर एक्शन और थ्रिलर जैसी शैलियों में 75 हिन्दी फ़िल्मों में अभिनय किया है। फ़िल्म उद्योग में अपने योगदान के लिए उन्होंने चौदह फ़िल्मफेयर पुरस्कार जीते हैं। वे और दिलीप कुमार ऐसे दो ही अभिनेता हैं जिन्होंने फ़िल्मफेयर पुरस्कार आठ बार जीता है। 2005 में भारत सरकार ने उन्हें भारतीय सिनेमा में उनके योगदान के लिए पद्मश्री से सम्मानित किया।

अर्थशास्त्र में उपाधि ग्रहण करने बाद शाहरुख़ ने अपने करियर की शुरुआत 1980 में रंगमंच व टेलीविज़न धारावाहिकों से की और 1992 में व्यापारिक दृष्टि से सफल फ़िल्म 'दीवाना' से फ़िल्म-क्षेत्र में क़दम रखा। इस फ़िल्म में उन्हें उनके अभिनय के लिए फ़िल्मफेयर पुरस्कार प्रदान किया गया। इसके पश्चात् उन्होंने कई फ़िल्मों में नकारात्मक भूमिकाएँ भी अदा कीं जिनमें डर (1993), बाज़ीगर (1993) और अंजाम (1994) शामिल हैं। वे कई प्रकार की भूमिकाओं में दिखे और उन्होंने भिन्न-भिन्न प्रकार की फ़िल्मों में कार्य किया जिनमें रोमांस, हास्य व ऐतिहासिक ड्रामा शामिल हैं।

उनके द्वारा अभिनीत फ़िल्मों ने विश्वभर में एक बिलियन रुपये का व्यवसाय किया है। ख़ान की कुछ फ़िल्में, जैसे—दिलवाले दुल्हनिया ले जायेंगे (1995), कुछ कुछ होता है (1998), देवदास (2002), चक दे इण्डिया (2007), ओम शान्ति ओम (2008), रब ने बना दी जोड़ी (2008), रा.वन (2011), कभी ख़ुशी कभी ग़म (2001), कल हो ना हो (2003), वीर ज़ारा (2006) अब तक की सबसे बड़ी हिट फ़िल्मों में रही हैं।

वेल्थ रिसर्च फर्म वेल्थ एक्स के मुताबिक़ किंग खान पहले सबसे अमीर भारतीय अभिनेता बन गये हैं। इस फर्म ने शाहरुख़ की कुल सम्पत्ति 3,660 करोड़ रुपये आँकी थी, लेकिन अब 4,000 करोड़ बताई जाती है।

प्रारम्भिक जीवन एवं शिक्षा

शाहरुख़ ख़ान के माता-पिता पठान मूल के थे। उनके पिता ताज मोहम्मद ख़ान एक स्वतन्त्रता सेनानी थे और उनकी माँ लतीफ़ा फ़ातिमा मेजर जनरल शाहनवाज़ ख़ान की पुत्री थीं।

शाहरुख़ ख़ान के पिता हिन्दुस्तान के विभाजन से पहले पेशावर के क़िस्सा कहानी बाज़ार से दिल्ली आये थे, हालाँकि उनकी माँ रावलपिण्डी से आयी थीं। शाहरुख़ की एक बहन भी हैं जिनका नाम शहनाज़ है और जिन्हें प्यार से लालारुख़ बुलाते हैं। शाहरुख़ ने अपनी स्कूली पढ़ाई दिल्ली के सेंट कोलम्बा स्कूल से की जहाँ उन्होंने क्रीड़ा, शिक्षा और नाट्य कला में निपुणता प्राप्त की थी। स्कूल की तरफ़ से उन्हें 'सोर्ड ऑफ़ ऑनर' से नवाज़ा गया जो प्रत्येक वर्ष सबसे क़ाबिल और होनहार विद्यार्थी एवं खिलाड़ी को दिया जाता था। इसके उपरान्त उन्होंने हंसराज कॉलेज से अर्थशास्त्र की डिग्री एवं जामिया मिल्लिया इस्लामिया से मास कम्युनिकेशन की मास्टर्स डिग्री हासिल की।

जय मेहता

जय मेहता एक भारतीय व्यापारी हैं। यह मेहता ग्रुप के मालिक हैं जिनका व्यापार भारत, अफ्रीका, कनाडा और संयुक्त राज्य अमेरिका में फैला हुआ है। इनकी पत्नी का नाम जूही चावला है जो भारत की मशहूर फ़िल्म अभिनेत्री हैं और जिन्होंने भारतीय फ़िल्म इण्डस्ट्री को अनेक सफल फ़िल्में दी हैं।

4. दिल्ली डेयरडेविल्स

(Delhi Daredevils—DD)

स्थापना के समय दिल्ली टीम का कप्तान आइकन खिलाड़ी वीरेंद्र सहवाग को बनाया गया और ऑस्ट्रेलिया के पूर्व प्रथम श्रेणी क्रिकेटर शिफर्ड को कोच बनाया गया।

दिल्ली डेयरडेविल्स का मालिक जीएमआर ग्रुप है। जीएमआर ग्रुप ने साल 2008 में दिल्ली टीम की फ्रेंचाइजी ख़रीदी थी। जीएमआर ग्रुप के मालिक ग्रांदी मल्लिकार्जुन राव हैं, जो पेशे से मैकेनिकल इंजीनियर हैं तथा जी.एम आर समूह के संस्थापक अध्यक्ष। ग्रांदी मल्लिकार्जुन का जन्म 14 जुलाई, 1950 को आन्ध्र प्रदेश के श्रीकाकुलम ज़िले के रजम में हुआ था। कम्पनी का हेडक्वार्टर कर्नाटक की राजधानी बैंगलुरु में है। दिल्ली टीम के कप्तान तेज़ गेंदबाज ज़हीर ख़ान हैं। राव की सम्पत्ति का अन्दाज़ा इसी बात से लगाया जा सकता है कि ग़रीब बच्चों की शिक्षा और स्वास्थ्य के लिए इन्होंने 1,540 करोड़ रुपये दान किये थे।

जीएमआर समूह भारत में अधोसंरचना विकास की प्रमुख कम्पनी है। इसका मुख्यालय बैंगलुरु में है। इसकी संस्थापना सन् 1978 में हुई थी। यह समूह हवाई अड्डों का निर्माण, ऊर्जा, सड़क, कृषि एवं उड्डयन क्षेत्र में सक्रिय है। यह समूह कॉरपोरेट सामाजिक उत्तरदायित्व के तहत सामुदायिक विकास में योगदान देता है और अपने सामाजिक उत्तरदायित्व को निभाने में भी अग्रणी है।

5. राजस्थान रॉयल्स

(Rajasthan Royals—RR)

राजस्थान रॉयल्स के वर्तमान कप्तान है अजिंक्य रहाणे तथा कोच हैं शेन वार्न। (पूर्व ऑस्ट्रेलियाई क्रिकेटर शेन वॉर्न को राजस्थान टीम का कोच व कप्तान दोनों

बनाया जा चुका है।)

राजस्थान रॉयल के मालिक मनोज बदाले और लचलान मर्डोक हैं।

मनोज बदाले का जन्म 31 दिसम्बर, 1967 को धुले, महाराष्ट्र, भारत में हुआ था। बाद में वह ब्रिटेन चले गये थे। वह कैम्ब्रिज विश्वविद्यालय से स्नातक हैं और राजस्थान रॉयल्स के अध्यक्ष हैं।

लचलान मर्डोक राजस्थान रॉयल्स के सह-चेयरमैन भी हैं। लचलान कीथ मर्डोक ब्रिटेन में जन्मे ऑस्ट्रेलियाई-अमेरिकी व्यापारी हैं।

जन्म : 8 सितम्बर, 1971 (आयु 46), लन्दन, यूनाइटेड किंगडम, पत्नी : सारा मर्डोक (विवाह, 1999), बच्चे : आइरिन एलिज़ाबेथ मर्डोक, कालान अलेक्जेंडर मर्डोक, एडन पैट्रिक मर्डोक, शिक्षा : फ़िलिप्स एकेडेमी, प्रिंसटन विश्वविद्यालय, भाई-बहन : जेम्स मर्डोक, एलिज़ाबेथ मर्डोक, माता-पिता : रूपर्ट मर्डोक, एना मर्डोक मान।

6. किंग्स इलेवन पंजाब

(Kings XI Punjab—KXIP)

2008 में पंजाब टीम का कप्तान आइकन खिलाड़ी युवराज सिंह को और कोच टॉम मूडी को बनाया गया था। किंग्स इलेवन पंजाब इण्डियन प्रीमियर लीग की पंजाब फ्रेंचाइजी है।

कोच—वीरेन्द्र सहवाग (मुख्य कोच), स्वामी—प्रीति जिण्टा, नेस वाडिया, करन पॉल, मोहित बर्मन। एरिना स्टेडियम : पंजाब क्रिकेट एसोसिएशन, आई. एस. बिन्द्रा स्टेडियम, स्थान : पंजाब, अजीतगढ़।

प्रीति जिण्टा (जन्म-31 जनवरी, 1974) एक भारतीय फ़िल्म अभिनेत्री हैं। वे हिन्दी, तेलुगू, पंजाबी व अंग्रेजी फ़िल्मों में कार्य कर चुकी हैं। मनोविज्ञान में उपाधि ग्रहण करने के बाद जिण्टा ने अपने फ़िल्मी करियर की शुरुआत 1998 में प्रदर्शित होने वाली फ़िल्म 'दिल से' से की और उसी वर्ष फ़िल्म 'सोल्जर' में पुनः दिखीं। इन फ़िल्मों में अभिनय के लिए उन्हें सर्वश्रेष्ठ नयी अदाकारा का फ़िल्मफेयर पुरस्कार प्रदान किया गया और आगे चलकर उन्हें फ़िल्म 'क्या कहना' में कुँवारी माँ

के किरदार के लिए काफ़ी सराहा गया। उन्होंने आगे चलकर भिन्न-भिन्न प्रकार के किरदारों में अपनी महत्त्वपूर्ण भूमिका निभाई। इस प्रकार उनके अभिनय व किरदारों ने हिन्दी फ़िल्म अभिनेत्री की एक नयी कल्पना को जन्म दिया।

जिण्टा को 2003 में 'कल हो ना हो' फ़िल्म में उनके अभिनय के लिए सर्वश्रेष्ठ अभिनेत्री का फ़िल्मफेयर पुरस्कार प्रदान किया गया। उन्होंने सर्वाधिक कमाई वाली दो भारतीय फ़िल्मों में अभिनय किया जिनमें काल्पनिक विज्ञान पर आधारित फ़िल्म 'कोई मिल गया' (2003) और रोमांटिक फ़िल्म 'वीर-जारा' (2004) शामिल हैं जिसके लिए उन्हें समीक्षकों द्वारा बेहद सराहा गया। उन्होंने आधुनिक भारतीय नारी का किरदार फ़िल्म 'सलाम नमस्ते' और 'कभी अलविदा ना कहना' में निभाया जो अन्तरराष्ट्रीय बाजार में उच्च कमाई वाली फ़िल्में रहीं। इन उपलब्धियों ने उन्हें हिन्दी सिनेमा की मुख्य अभिनेत्रियों में से एक बना दिया। उनका पहला अन्तरराष्ट्रीय किरदार कनेडियाई फ़िल्म 'हेवन ऑन अर्थ' में था जिसके लिए उन्हें सर्वश्रेष्ठ अभिनेत्री का सिल्वर ह्यूयगो पुरस्कार 2008 में शिकागो अन्तरराष्ट्रीय फ़िल्म समारोह में प्रदान किया गया।

फ़िल्मों में अभिनय के अलावा जिण्टा ने बीबीसी न्यूज़ ऑनलाइन में कई लेख लिखे हैं, साथ ही वे एक सामाजिक कार्यकर्ता, टेलीविज़न मेजबान और नियमित मंच प्रदर्शनकर्ता हैं। वे पीजेडएनजेड इण्डिया प्रोडक्शन कम्पनी की संस्थापक भी हैं जिसकी स्थापना उन्होंने अपने पूर्व-साथी नेस वाडिया के साथ की थी और साथ-ही-साथ दोनों इण्डियन प्रीमियर लीग की क्रिकेट टीम किंग्स इलेवन पंजाब के मालिक भी हैं।

नेस वाडिया (जन्म-30 मई, 1970) एक भारतीय उद्यमी और व्यवसायी हैं। वे वाडिया समूह की प्रमुख कम्पनी और भारत के विख्यात कारोबारों में से एक बॉम्बे डाइंग के उत्तराधिकारी हैं, जिसके वे संयुक्त प्रबन्ध निदेशक हैं। प्रीति जिण्टा के साथ उनके रिश्ते ने भारतीय मीडिया में उल्लेखनीय रूप से ध्यान आकर्षित किया है।

करन पॉल भारत के सबसे पुराने और सबसे बड़े निजी स्वामित्व वाले पारिवारिक व्यवसायों में से एक एपीजे सुरेन्द्र समूह के अध्यक्ष हैं।

मोहित बर्मन एक भारतीय व्यापारी हैं। वह फ़िलहाल लन्दन स्टॉक एक्सचेंज के वैकल्पिक निवेश बाज़ार में सूचीबद्ध एलिफेंट कैपिटल पीएलसी, एक सार्वजनिक

लिमिटेड कम्पनी के प्रबन्ध निदेशक हैं। वह डाबर इण्डिया लिमिटेड के प्रमोटर और डायरेक्टर हैं।

किंग्स इलेवन पंजाब के कई सह-मालिक हैं। इनमें अभिनेत्री प्रीति जिण्टा, वाडिया ग्रुप के नेस वाडिया और एपीजे सुरेन्द्र ग्रुप के करन पॉल का नाम शामिल है। टीम के वर्तमान कप्तान रविचन्द्रन अश्विन हैं, तो वहीं टीम का स्टार चेहरा अभिनेत्री प्रीति जिण्टा हैं।

7. मुम्बई इण्डियंस

(Mumbai Indians—MI)

2008 में मुम्बई टीम का कप्तान आइकन खिलाड़ी सचिन तेंदुलकर को बनाया गया और लालचन्द राजपूत को कोच बनाया गया। मुकेश अम्बानी इण्डियन प्रीमियर लीग की टीम मुम्बई इण्डियंस के सह-मालिक हैं। मुम्बई इण्डियंस ने 2013, 2015 और 2017 में इण्डियन प्रीमियर लगी जीता।

नीता अम्बानी

श्रीमती अम्बानी उपनगरीय मुम्बई में एक मध्यम वर्ग के माहौल में पली-बढ़ी हैं। वह एक प्रशिक्षित भरतनाट्यम नर्तकी हैं।

नीता ने 1985 में भारतीय व्यापार जगत के जाने-माने उद्योगपति धीरूभाई अम्बानी के पुत्र मुकेश अम्बानी से शादी की। शादी के बाद उन्होंने कुछ वर्षों के लिए एक शिक्षिका के रूप में काम किया।

अम्बानी दम्पति के दो बेटे और एक बेटी है। आकाश अम्बानी सबसे बड़े हैं और अनन्त अम्बानी सबसे छोटे हैं ईशा अम्बानी उनकी पुत्री का नाम है। ब्राउन विश्वविद्यालय से अर्थशास्त्र विषय में स्नातक आकाश अम्बानी अब रिलांयस जियो इन्फोकॉम में रणनीति विभाग के प्रमुख हैं। येल विश्वविद्यालय से मनोविज्ञान में स्नातक ईशा अम्बानी अब रिलांयस जियो इन्फोकॉम और रिलायंस रिटेल में निदेशक पद पर कार्यरत हैं। खेल के क्षेत्र में अपनी पहचान बनाने के लिए नीता अम्बानी को भारत के राष्ट्रपति द्वारा 'राष्ट्रीय खेल पुरस्कार 2017' प्राप्त हुआ। उन्हें रिलायंस फाउण्डेशन की ओर से अपने अध्यक्ष के रूप में पुरस्कार मिला।

1 नवम्बर, 1964 को जन्मी नीता अम्बानी एक भारतीय महिला उद्यमी हैं। वे भारत के सबसे अमीर उद्योगपति मुकेश अम्बानी की पत्नी और रिलायंस इंडस्ट्रीज के संस्थापक धीरूभाई अम्बानी की पुत्रवधू हैं। नीता अम्बानी धीरूभाई अम्बानी इण्टरनेशनल स्कूल की संस्थापक और चेयरपर्सन हैं।

उनको श्री चन्द्रशेखरेन्द्र सरस्वती विश्व महाविद्यालय (एससीएसवीएमवी यूनिवर्सिटी) कांचीपुरम से डॉक्टरेट की उपाधि मिली है। यह उपाधि उन्हें शिक्षा, समाज सेवा और मानव-प्रेम के लिए मिली है।

नीता अम्बानी मुम्बई इण्डियंस क्रिकेट टीम की सह-मालकिन भी हैं। वे रिलायंस इंडस्ट्रीज और नेशनल एसोसिएशन ऑफ़ ब्लाइंड की 'दृष्टि' नामक समाज सेवी संस्था से भी जुड़ी हैं।

नीता के पिता बिरला की एक कम्पनी में उच्चाधिकारी थे। नीता को भारतीय क्लासिकल डांस में शुरू से ही काफ़ी रुचि थी और वे इसमें ही अपना कैरियर बनाना चाहती थीं, जबकि उनकी माँ उन्हें एक चार्टर्ड अकाउंटेंट बनाना चाहती थीं। उनकी उच्च शिक्षा मुम्बई के प्रसिद्ध नरसी मोंजी कॉलेज ऑफ़ कॉमर्स एण्ड इकोनॉमिक्स से हुई है।

नीता अम्बानी धीरूभाई अम्बानी इण्टरनेशनल स्कूल से जून, 2003 में हुई उसकी शुरुआत से ही जुड़ी हुई हैं। यह स्कूल मुम्बई के कुछ चुनिंदा और बेहतरीन स्कूलों में शुमार है। भारत में यह उन 37 गिने-चुने स्कूलों में शामिल है जो देश में प्रतिष्ठित 'इण्टरनेशनल बैकलॉरेट प्रोग्राम' उपलब्ध कराते हैं। नीता धीरूभाई फाउण्डेशन की मुखिया भी हैं। वे रिलायंस इंडस्ट्रीज और यूएनएआईडीएस के एड्स इनिशीएटिव का भी हिस्सा हैं। नीता अम्बानी रिलायंस इंडस्ट्रीज के सामाजिक और धर्मार्थ कार्यों को भी देखती हैं।

उन्हें 2005 में इण्टरनेशनल वुमन डे पर भारत नारी शक्ति संगठन की ओर से समाजसेवा विश्व भूषण की उपाधि भी मिल चुकी है।

उन्हें एआईएमए की तरफ़ से 2012 का 'कॉरपोरेट सिटिजन ऑफ़ द ईयर' का पुरस्कार मिल चुका है।

8. रॉयल चैलेंजर्स बैंगलोर

(Royal Challengers Bangalore—RCB)

बैंगलोर टीम का कप्तान आइकन खिलाड़ी राहुल द्रविड़ को बनाया गया और कोच

वेंकटेश प्रसाद को बनाया गया।

रॉयल चैलेंजर्स बैंगलोर इण्डियन प्रीमियर लीग की एक फ्रेंचाइजी है। यह टीम भारतीय उद्योगपति विजय माल्या के स्वामित्व वाली है। इसके सी.ई.ओ. हैं बृजेश पटेल एवं कप्तान हैं विराट कोहली। कोहली की कप्तानी में उनकी टीम इण्डियन प्रीमियर लीग के फाइनल तक गयी, परन्तु सनराइजर्स हैदराबाद से उसे हार का सामना करना पड़ा।

रॉयल चैलेंजर्स के मालिक यूनाइटेड स्पिरिट्स हैं। यह किंगफिशर के सहयोगी हैं। 2016 से किंगफिशर के साथ यूनाइटेड स्पिरिट, हीरो साइकिल, ब्रितानिया, एस्सार, हिमालय इत्यादि कम्पनियों ने मिलकर आई.पी.एल. में आर.सी.बी. टीम के लिए किट तैयार की। चूँकि विजय माल्या अभी वित्तीय विवाद को लेकर देश से बाहर हैं, तो उनकी सहयोगी यूनाइटेड स्पिरिट्स ने इस टीम को आगे बढ़ाने का काम किया है।

रॉयल चैलेंजर्स बैंगलोर के मालिक इस वक्त कौन हैं, यह कहना थोड़ा मुश्किल है। वैसे टीम की मालिक यूनाइटेड स्पिरिट्स लिमिटेड है। इसके मालिक विजय माल्या हैं। देश के बैंकों से हज़ारों करोड़ रुपये लेकर विजय माल्या देश से फरार हो गये, जिसके बाद इन्हें भगोड़ा घोषित कर दिया गया है।

कप्तान : विराट कोहली, कोच : डेनियल विटोरी, मालिक : डॉ. विजय माल्या।

टीम की जानकारी

स्थापना : 2008

टीम की ड्रेस का रंग : लाल एवं काला

घरेलू मैदान : एम. चिन्नास्वामी स्टेडियम

क्षमता : 40,000।

अब बारी थी टीमों में खिलाड़ियों के चयन की। बी.सी.सी.आई. द्वारा यह तय किया गया कि प्रत्येक टीम एक आइकोनिक खिलाड़ी के द्वारा जानी जायेगी जो कि 3 साल के लिए अनुबन्धित हुए। ये आइकोनिक खिलाड़ी थे—

सचिन तेंदुलकर

सचिन रमेश तेंदुलकर क्रिकेट के इतिहास में विश्व के सर्वश्रेष्ठ बल्लेबाजों में गिने जाते हैं। भारत के सर्वोच्च नागरिक सम्मान 'भारत रत्न' से सम्मानित होने वाले वह सर्वप्रथम खिलाड़ी और सबसे कम उम्र के व्यक्ति हैं।

जन्म : 24 अप्रैल 1973, मुम्बई। ऊँचाई : 1.65 मी.। पूर्ण नाम : सचिन रमेश तेंदुलकर। पत्नी : अंजलि तेंदुलकर (विवाह 1996)। पुरस्कार : भारत रत्न, पद्मश्री पुरस्कार।

सचिन वह खिलाड़ी हैं जिन्होंने कई युवाओं को क्रिकेट खेलने की प्रेरणा दी, जिनमें विराट कोहली का नाम भी आता है। क्रिकेट का लगभग हर रिकॉर्ड उनके नाम है—सबसे ज़्यादा रन हों या सेंचुरी या फिर बाउंड्री लगाना, सचिन हर मामले में टॉप पर हैं और अन्तर भी इतना कि दूर-दूर तक कोई क्रिकेटर नज़र नहीं आता। सचिन के ऐसे कुछ रिकॉर्ड हैं, जिन पर विराट, गेल और डिविलियर्स जैसे खिलाड़ियों की नज़र है, लेकिन अभी वे रिकॉर्ड से काफ़ी दूर हैं।

सचिन के पिता का नाम है रमेश और माँ का नाम रजनी तेंदुलकर। सचिन के दो बड़े भाई अजीत और नितिन हैं और एक बड़ी बहन सविता। तीनों पिता की पहली पत्नी के बच्चे हैं। 1995 में सचिन ने 5 साल की डेटिंग के बाद अंजलि से शादी की। उनके दो बच्चे हैं। बेटी सारा (1997) और बेटा अर्जुन (1999)।

क्रिकेट टीम में डेब्यू (प्रथम प्रवेश)

11 साल की उम्र से क्रिकेट खेलना शुरू किया और 16 वर्ष की उम्र में टीम इण्डिया में डेब्यू (प्रवेश)भी कर लिया।

1987 में सचिन को पूर्व ऑस्ट्रेलियाई क्रिकेटर डेनिस लिली ने रिजेक्ट कर दिया था। सचिन फास्ट बॉलर बनना चाहते थे, लेकिन लिली ने उन्हें बैटिंग पर फोकस करने की सलाह दी।

कोच रमाकान्त आचरेकर से सचिन को नेट में पूरे दिन नॉटआउट बैटिंग करने के लिए स्पेशल सिक्का मिलता था। सचिन के पास ऐसे 13 सिक्के हैं।

नवम्बर, 1989 में सचिन ने पाकिस्तान के ख़िलाफ़ पाकिस्तान में अपना पहला टैस्ट मैच खेला और दिसम्बर, 1989 में पहला एकदिवसीयँ मैच।

1988 में एक प्रैक्टिस मैच में पाकिस्तान के लिए सचिन फील्डिंग भी कर चुके हैं।

ऐड वर्ल्ड में हिट सचिन

1995 तक स्टार बन चुके सचिन ने वर्ल्ड टेल के साथ 31.5 करोड़ का एण्डोर्समेंट साइन किया था, इससे वह इण्डिया के सबसे अमीर क्रिकेटर बन गये थे।

सचिन ने पहला ऐड बूस्ट ड्रिंक के लिए किया था। वह 90 के दशक में कपिल देव के साथ कई ऐड में नज़र आये।

1992 में सचिन थर्ड अम्पायर द्वारा आउट दिये जाने वाले पहले क्रिकेटर बने। यह साउथ अफ्रीका के ख़िलाफ़ टेस्ट मैच था।

सचिन 100 इण्टरनेशनल सेंचुरी लगाने वाले दुनिया के अकेले क्रिकेटर हैं।

वनडे में सबसे पहले डबल सेंचुरी भी सचिन ने ही लगाई थी 24 फरवरी, 2010 को अफ्रीका के ख़िलाफ़ ग्वालियर में।

सचिन ने 24 साल तक इण्टरनेशनल क्रिकेट खेला। उन्होंने 16 नवम्बर, 2013 को टेस्ट से रिटायरमेंट लिया।

सौरव गांगुली

कोलकाता टीम का कप्तान आइकन खिलाड़ी सौरव गांगुली को बनाया गया वहीं जॉन बुचनान को कोच बनाया गया।

सौरव चण्डीदास गांगुली भारतीय क्रिकेट टीम के पूर्व कप्तान हैं। वह भारत के सबसे सफल कप्तानों में से एक हैं। बंगाल के एक सम्भ्रान्त परिवार में जन्मे सौरव गांगुली अपने भाई स्नेहाशीष गांगुली के द्वारा क्रिकेट की दुनिया में लाये गये।

कद : 1.8 मी.

करियर प्रारम्भ : 1989

शिक्षा : कलकत्ता विश्वविद्यालय।

स्थिति : हरफ़नमौला, बल्लेबाज।

पुरस्कार : पद्मश्री पुरस्कार 2004, अर्जुन पुरस्कार 1997 (क्रिकेट)।

'प्रिंस ऑफ़ कोलकाता' और 'दादा' जैसे नामों से मशहूर टीम इण्डिया के पूर्व कप्तान सौरव गांगुली को इण्डियन क्रिकेट में एग्रेशन लाने का श्रेय जाता है। क्रिकेट का मक्का कहे जाने वाले लॉर्ड्स ग्राउंड पर टेस्ट की दोनों पारियों में सेंचुरी के साथ दादा ने अपने दमदार इण्टरनेशनल क्रिकेट करियर का आग़ाज़ किया था।

2000 से 2005 के बीच टीम इंडिया की कमान सँभालने वाले गांगुली की अगुवाई में भारत ने 49 टेस्ट मैच खेले जिसमें से 21 में उसे जीत और 13 में हार का

सामना करना पड़ा, जबकि 15 मैच ड्रॉ पर छूटे। दादा की अगुवाई में 1999 से 2005 के बीच भारत ने 146 वनडे मैचों में 76 जीते और 65 गँवाए, जबकि 5 मैचों के नतीजे नहीं आये।

मौजूदा समय में गांगुली अपनी क्रिकेट कमेंट्री के लिए बहुत लोकप्रिय हो रहे हैं। मैदान पर छक्के-चौकों से लुभाने वाले दादा क्रिकेट कमेंट्री के ज़रिये अपनी बातों से शानदार 'शॉट्स' लगाते हैं।

गांगुली के 10 रिकॉर्ड्स

1. 1996 में लॉर्ड्स टेस्ट से अपना इण्टरनेशनल करियर शुरू करने वाले गांगुली उस समय दुनिया के तीसरे ऐसे बल्लेबाज थे जिसने अपने प्रथम टेस्ट मैच की दोनों पारियों में सेंचुरी जड़ी थी।
2. सौरव गांगुली अपनी कप्तानी में टीम इंडिया को 20 से ज़्यादा टेस्ट मैचों में जीत दिलाने वाले पहले कप्तान हैं। उनकी कप्तानी में भारत ने 21 टेस्ट जीते। इससे पहले मोहम्मद अज़हरुद्दीन की कप्तानी में भारत ने 14 टेस्ट मैच जीते थे। उनका यह रिकॉर्ड टीम इण्डिया के पूर्व कप्तान महेन्द्र सिंह धोनी ने तोड़ा। धोनी की कप्तानी में टीम ने 27 टेस्ट मैच जीते।
3. गांगुली वनडे क्रिकेट में सबसे तेज़ 6,000 रन पूरा करने के मामले में तीसरे नम्बर पर हैं। इस लिस्ट में सबसे ऊपर टीम इंडिया के वर्तमान कप्तान विराट कोहली हैं। विराट कोहली ने 136 पारियों में यह कारनामा किया। उसके बाद विवियन रिचर्ड्स का नम्बर आता है जिन्होंने 141 पारियों में 6,000 का आँकड़ा छुआ। गांगुली ने 147 वनडे पारियों में 6,000 रन पूरे किये।
4. गांगुली ने वनडे क्रिकेट में सबसे तेज़ 8,000 और 9,000 रन पूरे किये। सबसे तेज़ 7,000 रनों का रिकॉर्ड भी गांगुली के नाम ही था जिसे 2014 में दक्षिण अफ्रीका के कप्तान एबी डिविलियर्स ने तोड़ा। डिविलियर्स ने 166 पारियों में 7,000 रन पूरे किये जबकि दादा ने 174 पारियों में यह आँकड़ा छुआ था। 8,000 रनों तक पहुँचने के लिए गांगुली ने 200 और 9,000 तक पहुँचने के लिए उन्होंने 228 वनडे पारियाँ खेलीं।
5. वनडे क्रिकेट में सौरव गांगुली और सचिन तेंदुलकर के नाम सबसे ज़्यादा रनों की साझेदारी करने का वर्ल्ड रिकॉर्ड दर्ज है। इन दोनों ने 176 वनडे पारियों में 8,227 रनों की साझेदारी की है। इस दौरान दोनों के बीच 26 शतकीय और

29 अर्धशतकीय साझेदारियाँ हुईं। यह वर्ल्ड रिकॉर्ड तोड़ पाना फ़िलहाल बहुत मुश्किल नज़र आता है।

6. सौरव गांगुली और राहुल द्रविड़ के नाम वनडे की तीसरी सबसे बड़ी साझेदारी का रिकॉर्ड दर्ज है। दोनों ने दूसरे विकेट के लिए 318 रनों की साझेदारी की थी। उनसे ऊपर क्रिस गेल–मार्लोन सैमुअल्स (372 रन) और सचिन तेंदुलकर–राहुल द्रविड़ (331 रन) ही हैं।
7. घरेलू मैदान से बाहर सबसे ज़्यादा सेंचुरी के मामले में दादा दूसरे नम्बर पर हैं। उन्होंने भारत से बाहर 18 सेंचुरी जड़ी हैं। इस मामले में उनसे ऊपर सिर्फ़ सचिन तेंदुलकर ही हैं। तेंदुलकर ने भारत के बाहर 29 सेंचुरी जड़ी हैं।
8. वनडे क्रिकेट में सबसे ज़्यादा छक्के जड़ने वालों की लिस्ट में दादा छठे नम्बर पर हैं। शाहिद आफरीदी (351), सनथ जयसूर्या (270), क्रिस गेल (238), सचिन तेंदुलकर (195), ब्रेंडन मैकुलम (190) के बाद सौरव गांगुली (190) छक्कों के साथ छठे नम्बर पर हैं। वहीं अगर भारतीय बल्लेबाजों की बात करें तो वह तेंदुलकर के बाद और महेन्द्र सिंह धोनी से ऊपर दूसरे नम्बर पर हैं।
9. वनडे में सबसे ज़्यादा मैन ऑफ़ द मैच रहने के मामले में सौरव गांगुली सचिन तेंदुलकर के बाद दूसरे भारतीय क्रिकेटर हैं। सचिन तेंदुलकर 62 बार मैन ऑफ़ द मैच बन चुके हैं जबकि गांगुली को 31 बार मैन ऑफ़ द मैच चुना गया है।
10. एक कैलेंडर ईयर में सबसे ज़्यादा रनों के मामले में भी गांगुली दूसरे नम्बर पर हैं। उनसे ऊपर महज़ सचिन तेंदुलकर हैं। तेंदुलकर ने 1998 के कैलेंडर ईयर में 1894 रन बनाये तो वहीं गांगुली ने 1999 के कैलेंडर ईयर में 1767 रन बनाये। तीसरे नम्बर पर 1761 रनों के साथ राहुल द्रविड़ (1999) का नाम आता है।

राहुल द्रविड़

राहुल शरद द्रविड़ भारतीय राष्ट्रीय टीम के सबसे अनुभवी क्रिकेटरों में से एक हैं और 1996 से वे इसके नियमित सदस्य रहे हैं।

पूर्ण नाम	:	राहुल शरद द्रविड़
क़द	:	1.8 मी.
पत्नी	:	विजेता पेंधारकर (विवाह, 2003)

पुरस्कार	:	विज्डन क्रिकेटर्स ऑफ़ द ईयर।
बच्चे	:	समित द्रविड़, अन्वय द्रविड़।
जन्म स्थान	:	इन्दौर (मध्य प्रदेश।)
शिक्षा	:	सेंट जोसेफ़ बॉयज हाई स्कूल, सेंट जोसेफ़ कॉलेज कॉमर्स, बेंगलरु

क्रिकेट की दुनिया में आगमन

भारतीय क्रिकेट में राहुल द्रविड़ किसी परिचय के मोहताज नहीं हैं। अपने दमदार खेल और मैदान पर जमे रहने के कारण उन्हें भारतीय क्रिकेट की दीवार और मिस्टर डिपेंडेबल (Mr. Dependable) भी कहा जाता है। अपनी दमदार बल्लेबाजी और विकेट कीपिंग के दम पर इन्होंने अन्तरर्राष्ट्रीय क्रिकेट में अपनी एक ख़ास पहचान बनायी है।

राहुल द्रविड़ का जन्म 11 जनवरी, 1973 को मध्य प्रदेश के इन्दौर शहर में एक मध्यमवर्गीय परिवार में हुआ था। इनके पिता का नाम शरद द्रविड़ और माँ का नाम पुष्पा द्रविड़ है। राहुल द्रविड़ का बचपन बेंगलुरु में बीता और यहीं रहकर इन्होंने पढ़ाई की और क्रिकेट खेलना सीखा। राहुल ने सेंट जोसेफ हाई स्कूल और सेंट जोसेफ़ कॉलेज ऑफ़ कॉमर्स बेंगलुरु से पढ़ाई की।

राहुल अपने पिता के साथ स्टेडियम में क्रिकेट मैच देखने जाया करते थे। लगभग 12 वर्ष की उम्र से राहुल ने क्रिकेट खेलना शुरू किया। राहुल द्रविड़ का चयन रणजी ट्रॉफ़ी में खेलने के लिए हो गया, फिर इन्होंने कभी पीछे मुड़कर नहीं देखा और पाँच साल इसमें खेलने के बाद इनका चयन भारतीय क्रिकेट टीम के लिए हो गया।

राहुल ने अपना पहला अन्तरराष्ट्रीय एकदिवसीय मैच 1996 में श्रीलंका के ख़िलाफ़ खेला। 1999 के विश्वकप में राहुल द्रविड़ ने सबसे ज़्यादा रन बनाये। अपने बेहतरीन खेल और नेतृत्व के दम पर इन्होंने भारतीय टीम के कप्तान का पद अक्टूबर, 2005 से सितम्बर, 2007 तक बख़ूबी सँभाला। राहुल ने टेस्ट और एकदिवसीय दोनों फॉर्मेट में 10,000 से ज़्यादा रन बनाये हैं। टेस्ट क्रिकेट में राहुल का औसत 50 का है।

राहुल द्रविड़ ने टेस्ट क्रिकेट में जितना शानदार प्रदर्शन किया, उतना शायद ही किसी और खिलाड़ी ने किया हो। मैदान पर जमे रहना और मुश्किल

वक़्त में टीम को जीत कैसे दिलाते हैं, कोई इनसे सीखे। राहुल द्रविड़ एक समय सफलता के शिखर पर थे लेकिन एक खिलाड़ी के जीवन में उतार-चढ़ाव तो आता ही है। 2007 के वर्ल्ड कप में टीम के ख़राब प्रदर्शन के कारण राहुल से टीम की कप्तानी ले ली गयी और एकदिवसीय मैचों में खराब प्रदर्शन के कारण इन्हें टीम से बाहर भी बैठना पड़ा, लेकिन हार न मानने के अपने जज़्बे के कारण इन्होंने टीम में वापसी की।

लगभग 16 साल तक भारत के लिए खेलने के बाद वर्ष 2012 में इन्होंने क्रिकेट के सभी फॉर्मेट्स से संन्यास ले लिया।

सम्मान और पुरस्कार

राहुल द्रविड़ को इण्डियन क्रिकेट में दिये गये अपने योगदान और प्रतिभा के कारण कई सम्मान और पुरस्कारों से नवाजा जा चुका है जिनमें कुछ प्रमुख पुरस्कार निम्न हैं—

1998-अर्जुन पुरस्कार

2000-विज्डन क्रिकेटर ऑफ़ द ईयर

2004-पद्मश्री

2013-पद्मभूषण

2014-पद्मविभूषण

इनके अलावा सर गार्फील्ड अवार्ड, टेस्ट प्लेयर ऑफ़ द ईयर, क्रिकेटर ऑफ़ द ईयर आदि पुरस्कार भी मिल चुके हैं।

वीरेन्द्र सहवाग (वर्तमान में किंग्स इलेवन पंजाब से जुड़े हुए)

वीरेन्द्र सहवाग एक भारतीय क्रिकेट खिलाड़ी हैं। प्यार से उन्हें सभी 'वीरू' ही कहते हैं। वैसे उन्हें 'नजफ़गढ़ के नवाब' व 'आधुनिक क्रिकेट का जेन मास्टर' के रूप में भी जाना जाता है।

जन्म : 20 अक्टूबर, 1978 (आयु 39), नजफ़गढ़

पत्नी : आरती अहलावत (विवाह 2004)

वर्तमान टीम : दिल्ली क्रिकेट टीम

शिक्षा : जामिया मिलिया इस्लामिया

पुरस्कार : पद्मश्री पुरस्कार

बच्चे : आर्यवीर सहवाग, वेदान्त सहवाग।

क्रिकेटर वीरेन्द्र सहवाग की जीवनी

क्रिकेट के इतिहास में अपनी आक्रामक बल्लेबाजी के लिए पहचाने जाने वाले वीरेन्द्र सहवाग भारत की राजधानी दिल्ली के रहने वाले हैं। सहवाग का जन्म 20 अक्टूबर, 1978 को नयी दिल्ली में हुआ था। वीरेन्द्र सहवाग के पिता एक अनाज व्यापारी हैं। सहवाग बताते हैं कि अपना बचपन उन्होंने संयुक्त परिवार में बिताया है।

वीरेन्द्र सहवाग के अनुसार उनके संयुक्त परिवार में उनके खुद के भाई-बहन, अंकल-आंटी और सोलह भाई थे जिन सबका बचपन एक जैसा था। हालाँकि सहवाग का परिवार हरियाणा का रहने वाला है, लेकिन बाद में ये लोग दिल्ली आ गये थे। सहवाग अपने भाई, बहनों में तीसरे नम्बर के हैं।

पूरा नाम	:	वीरेन्द्र सहवाग
जन्म	:	20 अक्टूबर, 1978
बल्लेबाजी का तरीक़ा	:	दायें हाथ के बल्लेबाज
गेंदबाजी का तरीक़ा	:	ऑफ़ स्पिन
पिता	:	कृष्ण सहवाग (अनाज व्यापारी)
माता	:	कृष्णा सहवाग
बहनें	:	मंजू और अंजू (बड़ी बहन अंजू जो भारतीय कांग्रेस पार्टी की सदस्य हैं।)
भाई	:	विनोद (छोटे भाई)

वीरेन्द्र सहवाग के पिता ने शुरू में ही सहवाग के क्रिकेट प्रेम को पहचान लिया था। जब सहवाग सात महीने के थे, तभी उनके पिता ने उन्हें खिलौने वाला बैट लाकर दिया था। सहवाग ने नयी दिल्ली के अरोड़ा विद्या स्कूल से शिक्षा प्राप्त की है। सहवाग कहते हैं कि उन्होंने क्रिकेट खेलने के लिए अपने माता-पिता को बहुत सताया है।

सहवाग ने क्रिकेट की दुनिया में अपने करियर के शुरुआती दिनों से ही अपनी पहचान एक आक्रामक बल्लेबाज के रूप में बनाई जिसके बाद वह अपनी बल्लेबाजी के लिए लोकप्रिय होते चले गये। उस समय सहवाग के कोच अमरनाथ शर्मा हुआ करते थे। साल 1990 में क्रिकेट खेलने के दौरान जब सहवाग का दाँत टूटा तो वीरेन्द्र सहवाग के पिता ने उनके क्रिकेट खेलने पर पाबन्दी लगाने का फ़ैसला ले लिया। हालाँकि बाद में सहवाग की माँ की वजह से उनका क्रिकेट करियर पटरी पर ही रहा। सहवाग ने अपनी ग्रेजुएशन की पढ़ाई जामिया मिलिया इस्लामिया से पूरी की है।

सहवाग की ट्रिपल सेंचुरी

साल 2008 में सहवाग ने टेस्ट मैच की पारी में तिहरा शतक जड़ दिया। इस मैच में तिहरा शतक लगाने के बाद सहवाग सबसे तेज़ ट्रिपल सेंचुरी बनाने वाले पहले बल्लेबाज बने। यह मैच चेन्नई में दक्षिण अफ्रीका के ख़िलाफ़ खेला गया था। इसके बाद साल 2009 में एकदिवसीय अन्तरराष्ट्रीय क्रिकेट मैच में सबसे तेज़ शतक का रिकॉर्ड भी सहवाग ने अपने नाम किया, हालाँकि इस रिकॉर्ड को चार साल बाद विराट कोहली ने तोड़ दिया।

सहवाग का न भूलने वाला ओवर

साल 2015 में भारत और श्रीलंका के ख़िलाफ़ मैच खेला गया। इस मैच में सहवाग के द्वारा फेंका गया ओवर शायद ही कोई भूल पाये, क्योंकि उनके इस ओवर में बल्लेबाज ने रनों की बरसात कर दी थी। सहवाग के इस ओवर में बल्लेबाज ने छह गेंदों पर 4, 4, 6, 4, 4, 4 यानी पाँच चौके और एक छक्का लगाते हुए कुल 26 रन बनाये थे।

वीरू के शतक

वीरेन्द्र सहवाग को 'वीरू' के नाम से भी जाना जाता है। सहवाग ने टेस्ट मैचों में 23 शतक लगाये हैं। टेस्ट मैचों के इतिहास में सहवाग ने दो बार ट्रिपल सेंचुरी लगाई है। वीरेन्द्र सहवाग दो बार ट्रिपल सेंचुरी लगाने वाले दुनिया के चार बल्लेबाजों में गिने जाते हैं। सहवाग के अलावा ट्रिपल शतक लगाने वाले बल्लेबाज सर डॉन ब्रैडमैन, ब्रायन लारा और क्रिस गेल हैं।

सहवाग के कुल मैच

वीरेन्द्र सहवाग ने अपने क्रिकेट करियर में कुल 104 टेस्ट मैच, 251 वन डे इण्टरनेशनल मैच खेले हैं। इसके अलावा सहवाग टी-20 क्रिकेट में भी 19 मैच खेल चुके हैं। सहवाग ने अपने खाते में 17,000 से भी अधिक अन्तरराष्ट्रीय रन जोड़े हैं। इसके बाद सहवाग ने अपने 37वें जन्मदिन पर सभी अन्तरराष्ट्रीय क्रिकेट और आई.पी.एल. से संन्यास लेने की घोषणा की और इस तरह उन्होंने क्रिकेट से संन्यास ले लिया।

बल्लेबाज़ी का पराक्रम

वीरेन्द्र सहवाग को एक विध्वंसक बल्लेबाज के रूप में याद किया जाता है। उन्होंने

आक्रामक बल्लेबाजी से विश्वविख्यात गेंदबाजों की धज्जियाँ उड़ाकर रख दीं। सहवाग ने गेंदबाजी के औसत को बिगाड़ने में कोई कसर बाक़ी नहीं रखी। उनकी आक्रामक बल्लेबाजी का हर गेंदबाज सामना नहीं कर पाता था। न्यूजीलैंड के गेंदबाजों ने तब सहवाग की आक्रामक बल्लेबाजी का लोहा मान लिया, जब उन्होंने 79 गेंदों में ही शतक बना दिया था।

वीरेन्द्र सहवाग ने पहला टेस्ट मैच दक्षिण अफ्रीका के ख़िलाफ़ खेला था जिसमें उन्होंने शतक लगाकर अपनी आक्रामक बल्लेबाजी का डंका बजा दिया था। सहवाग अपनी आक्रामक शैली में बल्लेबाजी करने के लिए मशहूर रहे हैं। चुनौतीपूर्ण परिस्थितियों में भी उनके इरादे कमज़ोर नहीं हुए।

साल 1999 में एकदिवसीय और दो साल बाद टेस्ट मैचों में भारत का प्रतिनिधित्व करते हुए सहवाग एक धुआँधार बल्लेबाज के रूप में उभरे और एक उपयोगी 'ऑफ़ स्पिनर' के रूप में भी अपनी जगह बनायी। बाद में सहवाग को सलामी बल्लेबाज के रूप में स्वीकार किया गया।

सलामी बल्लेबाज के रूप में सहवाग आक्रामक बल्लेबाजी करते हुए टेस्ट क्रिकेट में दो तिहरे शतक बनाने वाले पहले और एकमात्र भारतीय बल्लेबाज बने। उनकी लगातार सफलताओं के चलते उन्हें भारतीय टीम का उपकप्तान भी बनाया गया। हालाँकि इसके बाद उनके प्रदर्शन में कमी आयी और उनकी छवि पर प्रश्नचिह्न भी लगा।

बेख़ौफ़ अन्दाज़

वीरेन्द्र सहवाग ऐसे भारतीय बल्लेबाज बनकर उभरे थे कि दुनिया का हर गेंदबाज उनकी बल्लेबाजी से ख़ौफ़ खाता था। सहवाग की तुलना आक्रामक बल्लेबाजी के लिए पहचाने जाने वाले सर विवियन रिचर्ड्स से की जाती रही है, जिन्होंने इमरान खान से लेकर रिचर्ड हेडली और बॉब विलिस जैसे विश्व के जाने-माने गेंदबाजों तक के दिल में ख़ौफ़ पैदा कर दिया था। दक्षिण अफ्रीका के ख़िलाफ़ खेले गये एक मैच में युसुफ पठान ने यादगार तूफ़ानी पारी खेलने के बाद पत्रकारों से कहा था कि वीरेन्द्र सहवाग के बेख़ौफ़ अन्दाज़ से प्रेरित होकर वे ऐसी बल्लेबाजी कर सके।

पुरस्कार

वीरेन्द्र सहवाग को भारत सरकार द्वारा साल 2002 में अर्जुन पुरस्कार से सम्मानित किया गया। साल 2008 में उन्हें उनके शानदार प्रदर्शन के लिए 'विजडन लीडिंग

क्रिकेटर इन द वर्ल्ड' के सम्मान से भी नवाज़ा गया था। साल 2009 में सहवाग को यह सम्मान दोबारा भी हासिल हुआ। इसके बाद साल 2011 में उन्हें सर्वश्रेष्ठ क्रिकेटर के नाते 'ईएसपीएन क्रिकीन्फो अवार्ड' भी दिया गया था।

सहवाग के कीर्तिमान

साल 2010 में सहवाग ने हैमिल्टन में न्यूजीलैंड के ख़िलाफ़ सिर्फ़ 60 गेंदों पर शतक ठोककर सनसनी मचा दी थी। टेस्ट क्रिकेट के इतिहास में पहले विकेट के लिए सबसे बड़ी साझेदारी बनाने का रिकॉर्ड भी सहवाग के ही नाम है। सहवाग ने राहुल द्रविड़ के साथ 410 रन की साझेदारी बनाकर रिकॉर्ड क़ायम किया है। वन डे क्रिकेट में उन्होंने 219 रन बनाकर विश्व रिकॉर्ड भी बनाया था, हालाँकि इस रिकॉर्ड को रोहित शर्मा ने 264 रन बनाकर तोड़ दिया था।

सहवाग का स्ट्राइक रेट उन्हें दुनिया के सबसे ज़्यादा विस्फोटक और आक्रामक बल्लेबाजों में शुमार करता है। एक ही पारी में पाँच विकेट हासिल करने का रिकॉर्ड भी सहवाग के नाम है।

सहवाग के आदर्श

वीरेन्द्र सहवाग, मास्टर ब्लास्टर सचिन तेंदुलकर को अपना आदर्श और मार्गदर्शक मानते हैं। सहवाग की बैटिंग की शैली की तुलना भी सचिन तेंदुलकर से की जाती रही है। अगर बड़े स्कोर बनाने के मामले में बात की जाये तो सहवाग ऑस्ट्रेलिया के सर डॉन ब्रैडमैन और वेस्टइंडीज के ब्रायन लारा के बराबर क़द रखते हैं। इस मामले में उन्होंने अपने आदर्श सचिन तेंदुलकर को भी पीछे छोड़ दिया।

जीवन के उतार-चढ़ाव

सहवाग के जीवन में अच्छा-बुरा दोनों तरह का समय रहा है। काफ़ी लम्बे समय तक वे भारतीय क्रिकेट टीम से अलग रहे। ख़ासकर 2007 के विश्व कप के बाद वो लम्बे समय के लिए क्रिकेट से ग़ायब हो गये थे। लेकिन जब वापसी हुई तो ज़बरदस्त परफॉरमेंस के साथ। सहवाग ने वन डे के साथ-साथ टेस्ट मैचों में भी सलामी बल्लेबाज की भूमिका निभाई है और ख़ूब जमकर विपक्षी गेंदबाजों के खेमे में तहलका मचाते हुए रन बटोरे हैं।

युवराज सिंह

युवराज सिंह (युवी) भारत के महान क्रिकेट खिलाड़ी हैं। इन्होंने टी-20 विश्व

कप 2007 में इंग्लैंड के ख़िलाफ़ स्टुअर्ट ब्रॉड की 6 गेंदों पर लगातार 6 छक्के मारे थे और इसी मैच में 12 गेंदों में अर्धशतक बनाने का विश्व रिकॉर्ड भी उन्होंने बनाया। युवराज सिंह को विश्व कप 2011 में अहम भूमिका निभाने के लिए 'मैन ऑफ़ द टूर्नामेंट' चुना गया। इनका जन्म 12 दिसम्बर, 1981 को चण्डीगढ़ में भूतपूर्व क्रिकेट खिलाड़ी योगराज सिंह के यहाँ जाट परिवार में हुआ था। इनको सिक्सर किंग नाम से भी जाना जाता है। इण्डियन प्रीमियर लीग में युवराज किंग्स इलेवन पंजाब, पुणे वॉरियर्स इण्डिया, रॉयल चैलेंजर्स बैंगलोर, दिल्ली डेयरडेविल्स की ओर से खेल चुके हैं।

जन्म	:	12 दिसम्बर, 1981, चण्डीगढ़
उपनाम	:	युवी, सिक्सर किंग
क़द	:	6 फीट 2 इंच (1.88 मी.)
बल्लेबाजी	:	बायाँ हाथ
गेंदबाजी की शैली	:	बायाँ हाथ स्पिन
भूमिका	:	ऑलराउण्डर

अन्तरराष्ट्रीय जानकारी

राष्ट्रीय टीम	:	भारत
टेस्ट में पदार्पण (कैप 247)	:	16 अक्टूबर, 2003 बनाम न्यूजीलैंड
अन्तिम टेस्ट	:	9 दिसम्बर, 2012 बनाम इंग्लैंड
वन डे पदार्पण (कैप 134)	:	3 अक्टूबर, 2000 बनाम केन्या
अन्तिम एकदिवसीय	:	30 जून, 2017 वेस्टइंडीज
टी-20 पदार्पण (कैप 15)	:	13 सितम्बर, 2007 बनाम स्कॉटलैंड
अन्तिम टी-20	:	1 फरवरी, 2017 इंग्लैंड

घरेलू टीम की जानकारी

वर्ष	:	टीम
1996-अब तक	:	पंजाब क्रिकेट टीम
2003	:	यॉर्कशायर काउण्टी क्रिकेट क्लब
2008-2010	:	किंग्स इलेवन पंजाब

2011-2013	:	पुणे वारियर्स
2014	:	रॉयल चैलेंजर्स बैंगलोर
2015	:	दिल्ली डेयरडेविल्स
2016	:	सनराइजर्स हैदराबाद

टूर्नामेंट का प्रारूप

वर्तमान में आठ टीमों के साथ, प्रत्येक टीम एक होम और राउण्ड रॉबिन टूर्नामेंट में 2 बार खेलती है, लीग चरण के समापन पर शीर्ष चार टीमें फाइनल के योग्य होती हैं। शीर्ष दो टीमें फाइनल के लिए खेलती हैं। जबकि हारी हुई टीमें प्रारम्भिक दौर के मैच में एक-दूसरे के साथ खेलती हैं। तीसरे और चौथे स्थान का फ़ैसला इस प्रकार होता है।

डबल राउण्ड रोबिन : एक प्रतिभागी टीम दूसरी प्रतिभागी टीम के साथ दो बार खेलती है, इसे ही डबल राउण्ड रोबिन लीग कहा जाता है।

आई.पी.एल. : एक नया मंच

आई.पी.एल. एक ऐसा मंच है, जहाँ पर सारी दुनिया के क्रिकेट सितारे एक ही लीग में खेलकर अपने हुनर का इस्तेमाल भरपूर तरीके से करके दर्शकों का खूब मनोरंजन करते हैं। आई.पी.एल. से क्रिकेट को अन्तरराष्ट्रीय स्तर पर एक नयी दिशा मिली है।

सभी महत्त्वपूर्ण खिलाड़ियों के लिए अपना-अपना हुनर दिखाने का ये एक ऐसा मंच है जहाँ बिना किसी दबाव के खिलाड़ी अपने आप को पूरी तरह से सिद्ध करता है। आई.पी.एल. को एक मनोरंजन से भरपूर ड्रामा कहना भी सही होगा। दर्शक पहली बॉल से लेकर आखिरी बॉल तक अपने दिल की धड़कन को ऊपर-नीचे होते देखता रहता है, यही तो मज़ा है इस फटाफट क्रिकेट का। मनोरंजन से भरपूर इस लीग (प्रतियोगिता) में हर कोई बँध जाता है, चाहे खिलाड़ी हो, बॉलीवुड स्टार हो, दर्शक हो, सभी बँध जाते हैं। आई.पी.एल. से क्रिकेट की दुनिया में एक नयी दिशा का संचार हुआ है। यूँ तो बॉलीवुड और क्रिकेट का नाता नया नहीं है, लेकिन आई.पी.एल. बॉलीवुड और कुबेरपतियों का क्रिकेट में संगम हुआ है। आई.पी.एल. में क्रिकेट की दुनिया के सभी महान् और कुशल खिलाड़ी समेट लिए गये हैं। और जब एक ही मंच पर सब कुछ एक साथ हो तो, वह मंजर देखते ही

बनता है। ग्लैमर, पैसा, हुनर, मनोरंजन, सब कुछ है यहाँ।

दुनिया में इस जैसा कोई भी खेल नहीं जहाँ खिलाड़ी पलभर में करोड़पति हो जाते हैं। यहाँ तक कि कई अनजान चेहरे रातोंरात करोड़पति हो जाते हैं। जी हाँ, बोली लगती है यहाँ खिलाड़ियों की।

हज़ारों करोड़ देकर टेलीविज़न प्रसारण अधिकार खरीद लिए जाते हैं। चौंका देने वाले खिलाड़ी सामने आते हैं और सितारे बनकर उभरते हैं।

जहाँ भारतीय क्रिकेट कण्ट्रोल बोर्ड (बी.सी.सी.आई.) को एक अनुमान के मुताबिक एक अन्तरराष्ट्रीय स्तर के मैच से तकरीबन 43 करोड़ रुपये मिलते हैं, वहीं सन् 2018 में अनुमान के मुताबिक एक आई.पी.एल. मैच से बी.सी.सी.आई. को 55 करोड़ रु. का फायदा होगा।

यहाँ आई.पी.एल. से भारतीय क्रिकेट को कई ऐसे स्टार खिलाड़ी मिले हैं जो आज भारतीय टीम को बुलन्दियों पर ले जाने में बहुत ही महत्त्वपूर्ण भूमिका निभा रहे हैं। पिछले कुछ सालों में भारतीय क्रिकेट टीम के प्रदर्शन में जबरदस्त इज़ाफ़ा हुआ है। आई.पी.एल. से मिले कुछ स्टार खिलाड़ियों की क्षमता प्रदर्शन का भी इसमें महत्त्वपूर्ण योगदान रहा है। भारतीय ही नहीं कुछ ऐसे विदेशी खिलाड़ी भी हैं जिन्होंने आई.पी.एल. में जबरदस्त प्रदर्शन कर अपने-अपने देश के क्रिकेट बोर्ड को चौंका दिया और अपनी क्षमता का भरपूर प्रदर्शन किया है।

बात यहीं समाप्त नहीं होती। इसमें अभी बहुत कुछ बाक़ी है। सभी न्यूज़ चैनल्स पर आई.पी.एल. को लेकर गर्मागर्म बहसें चलती रहती हैं। बहस चल रही है तो क्रिकेट खिलाड़ी का होना भी जरूरी है। पूर्व क्रिकेटर इन चैनलों पर चर्चाएँ करते नज़र आते हैं और अपने अनुभव दर्शकों के साथ साझा करते हैं। वो भी गर्व महसूस करते हैं कि भारतवर्ष में टैलेण्ट की कमी नहीं है। कुछ अनजान चेहरे रातोंरात स्टार बन जाते हैं। वो इस आई.पी.एल. में अपनी क्षमता का भरपूर प्रदर्शन कर अपने आप को स्वयं सिद्ध करते हैं।

क्या मिला आई.पी.एल. से भारतीय टीम को

भारतीय सलामी बल्लेबाज शिखर धवन के अनुसार आई.पी.एल. में इण्टरनेशनल खिलाड़ियों के साथ खेलने पर भारतीय खिलाड़ियों को एक नया बढ़ावा (बूस्ट) मिला है। उनके अनुसार हाल ही के कुछ वर्षों में आई.पी.एल. ने भारतीय क्रिकेट टीम को चमकते हुए बहुत ही महत्त्वपूर्ण खिलाड़ी दिये हैं। जिनमें कुलदीप यादव, युजवेन्द्र

चहल, जसप्रीत बुमराह, हार्दिक पांड्या, मनीष पाँडे के नाम प्रमुख हैं, जिन्होंने अपने प्रदर्शन से भारतीय टीम को एक नयी ऊँचाई पर पहुँचाया है।

महान क्रिकेटर कपिल देव के अनुसार, सन् 2017 में पहली बार भारतीय टीम की पहचान एक अच्छी बॉलिंग टीम के रूप में हुई है। इसमें कोई शक नहीं है कि भारतीय टीम हमेशा से अच्छे बल्लेबाज टीम के रूप में जानी जाती रही है। जहाँ क्वालिटी बॉलर्स की कमी अब आई.पी.एल. से मिले क्वालिटी बॉलर्स से दूर हुई है।

आई.पी.एल. : टैलेण्ट, प्रसिद्धि और ग्लैमर

आई.पी.एल. भारतीय क्रिकेट ही नहीं, बल्कि विदेशी क्रिकेट को कई नये चेहरे देने में महत्त्वपूर्ण भूमिका निभा रहा है।

भारतीय क्रिकेट को बीते वर्षों में कुछ प्रतिभावान खिलाड़ी मिले हैं जो अभी भारतीय क्रिकेट टीम को बुलन्दियों पर ले जाने में बहुत ही महत्त्वपूर्ण भूमिका निभा रहे हैं।

कुछ ऐसे अनजान खिलाड़ी जो आज प्रथम श्रेणी टीम से खेलते हुए भारतीय टीम में जगह बनाने के लिए 5–6 साल का वक्त लगाते थे वो खिलाड़ी आज महज एक ही सत्र में अच्छा प्रदर्शन करने के बाद टीम इण्डिया का हिस्सा बन गये हैं और अपनी प्रतिभा का लाभ भारतीय क्रिकेट टीम को पहुँचा रहे हैं। इनमें कुछ महत्त्वपूर्ण खिलाड़ी जैसे रवीन्द्र जडेजा, रोहित शर्मा, अक्षर पटेल, मोहम्मद सिराज, हार्दिक पांड्या आदि शामिल हैं।

विदेशी खिलाड़ियों में डेविड वार्नर और ग्लेन मैक्सवेल एक अप्रतिम उदाहरण हैं।

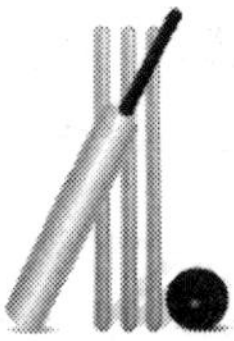

आई.पी.एल. टीम का चयन कैसे होता है

युवा भारतीयों को मिलता है मौक़ा

- कम से कम 16 खिलाड़ी एक स्क्वाड (Squad) में होते हैं।
- एक फिजियोथेरेपिस्ट और एक कोच होता है।
- किसी भी स्क्वाड (Squad) में 10 से ज़्यादा विदेशी खिलाड़ी नहीं हो सकते।
- ज़्यादा से ज़्यादा 4 विदेशी खिलाड़ी प्लेइंग इलेवन (Playing IX) में खेल सकते हैं। कम से कम 14 भारतीय खिलाड़ी हर एक स्क्वाड (Squad) में रखना आवश्यक है।
- कम से कम 6 खिलाड़ी बी.सी.सी.आई. की तरफ़ से अंडर 22 पूल (Under 22 Pool) में होना आवश्यक है सभी Squad में।
- इस नियम से आज भारतीय क्रिकेट में कई नये हुनर वाले खिलाड़ी जुड़ गये हैं।

2017 सीजन 10 : सौजन्य–जनसत्ता

खिलाड़ियों की बोली—जैसा विदित है कि आई.पी.एल. में खिलाड़ियों को खरीदने के लिए होड़ लगी रहती है। जितना अच्छा खिलाड़ी उतनी ज़्यादा रुपयों में उसकी बोली लगती है और खिलाड़ियों को खरीदा जाता रहा है। पिछले दस सालों में बहुत सारे नियमों में बदलाव के साथ खिलाड़ियों की फ़ीस में भी बढ़ोतरी हुई है या यूँ कहें कि पिछले दस सालों में खिलाड़ियों की बोली अलग–अलग रखी गयी। लेकिन हम यहाँ दसवें आई.पी.एल. सीजन में मिले खिलाड़ियों को प्रमुखता दे रहे हैं।

आई.पी.एल. नीलामी में खरीदे गये कुल खिलाड़ी : 66

फ्रेंचाइजी टीमों द्वारा खर्च की गयी राशि : 91.15 करोड़ रुपये

खरीदे गये कुल भारतीय खिलाड़ी : 39

खरीदे गये कुल विदेशी खिलाड़ी : 27

फ्रेंचाइज़ी द्वारा खरीदे गये सबसे ज़्यादा खिलाड़ी : गुजरात लॉयन्स ने 11 खिलाड़ी खरीदे।

फ्रेंचाइज़ी द्वारा खरीदे गये सबसे कम खिलाड़ी : रॉयल चैलेंजर्स बैंगलोर ने 5 खिलाड़ी खरीदे।

फ्रेंचाइज़ी द्वारा सबसे ज़्यादा ख़र्च की गयी राशि : 17.20 करोड़

फ्रेंचाइज़ी द्वारा सबसे कम ख़र्च की गयी राशि : 3.85 करोड़

दिल्ली डेयरडेविल्स—नौ खिलाड़ियों के लिए 14.05 करोड़ रु. ख़र्च

कागिसो रबादा	:	5 करोड़ रु.
पैट कमिंस	:	4 करोड़ 50 लाख रु.
एंजेलो मैथ्यूज	:	2 करोड़ रु.
कोरी एंडरसन	:	1 करोड़ रु.
एम. अश्विन	:	1 करोड़ रु.
आदित्य तारे	:	25 लाख रु.
अंकित बावने	:	10 लाख रु.
नवदीप सोनी	:	10 लाख रु.
शशांक सिंह	:	10 लाख रु.

गुजरात लॉयन्स—11 खिलाड़ियों के लिए 3.85 करोड़ ख़र्च

जेसन राय	:	1 करोड़ रु.
बासिल थंपी	:	85 लाख रु.
मनप्रीत गोमी	:	60 लाख रु.
नाथू सिंह	:	50 लाख रु.
मुनाफ पटेल	:	30 लाख रु.
चिराग सूरी	:	10 लाख रु.
शैली शौर्य	:	10 लाख रु.
शुभम अग्रवाल	:	10 लाख रु.

प्रथम सिंह : 10 लाख रु.
तेजस बरूका : 10 लाख रु.
आकाशदीप नाथ : 10 लाख

राइजिंग पुणे सुपर जायंट्स—नौ खिलाड़ियों के लिए 17.20 करोड़ रु. खर्च

बेन स्टोक्स : 14.50 करोड़
डेनियल क्रिस्टियन : 1 करोड़
मनोज तिवारी : 50 लाख
लोकी फर्ग्युसन : 50 लाख
जयदेव उनादकर : 30 लाख
राहुल चाहर : 10 लाख
सौरभ कुमार : 10 लाख
मिलिंद टंडन : 10 लाख
राहुल त्रिपाठी : 10 लाख

मुम्बई इण्डियंस—सात खिलाड़ियों के लिए 8.20 करोड़ रु. ख़र्च

कर्ण शर्मा : 3 करोड़ 20 लाख रु.
मिशेल जॉनसन : 2 करोड़
के. गौतम : 2 करोड़
निकोलस पूरण : 30 लाख
सौरभ तिवारी : 30 लाख
असेला गुणरत्ने : 30 लाख
कुलवंत खेचरोतिया : 10 लाख

किंग्स इलेवन पंजाब—आठ खिलाड़ियों के लिए 9.45 करोड़ रु. ख़र्च

टी. नटराजन : 3 करोड़
वरुण आरोन : 2 करोड़ 80 लाख
इयोन मोर्गन : 2 करोड़
मार्टिन गुप्तिल : 50 लाख
मैट हेनरी : 50 लाख

डेरेन सैमी	:	30 लाख
राहुल तेवतिया	:	25 लाख
रिंकू सिंह	:	10 लाख

कोलकाता नाइट राइडर्स—नौ खिलाड़ियों के लिए 14.35 करोड़ रु. ख़र्च

ट्रेंट बोल्ट	:	5 करोड़
क्रिस बोक्स	:	4 करोड़ 20 लाख
नाथन कोल्टर नाइल	:	3 करोड़ 50 लाख
ऋषि धवन	:	55 लाख
डैरेन ब्रावो	:	50 लाख
रोवमेन पावेल	:	30 लाख
आर. संजय यादव	:	10 लाख
इशांक जगी	:	10 लाख
सयान घोष	:	10 लाख

रॉयल चैलेंजर्स बैंगलोर —पाँच खिलाड़ियों के लिए 15.40 करोड़ रु. ख़र्च

टाइमल मिल्स	:	12 करोड़ रु.
अनिकेत चौधरी	:	2 करोड़ रु.
पवन नेगी	:	1 करोड़ रु.
विली स्टेनलेक	:	30 लाख रु.
प्रवीण दुबे	:	10 लाख रु.

सनराइजर्स हैदराबाद—आठ खिलाड़ियों के लिए 8.65 करोड़ रु. ख़र्च

राशिद ख़ान अरमान	:	4 करोड़ रु.
मोहम्मद सिराज	:	दो करोड़ 60 लाख रु.
एकलव्य द्विवेदी	:	75 लाख रु.
मोहम्मद नबी	:	30 लाख रु.
बेन लाघलिन	:	30 लाख रु.
तन्मय अग्रवाल	:	10 लाख रु.
प्रवीण तांबे	:	10 लाख रु.

आई.पी.एल. खिलाड़ियों की बोली
2017 की कुछ विशेष बातें :

1. 25 साल के थगरासू नटराजन के पिता दिहाड़ी मज़दूर हैं। उन्हें किंग्स इलेवन पंजाब ने 3 करोड़ रु. में खरीदा। इस टीम के मेंटर **वीरेन्द्र सहवाग** उनसे काफ़ी प्रभावित हैं। वह पहले भी नटराजन को कमाल का पेस बॉलर बता चुके हैं। शायद इसी वजह से पंजाब ने महज 10 लाख रु. बेस प्राइस वाले इस खिलाड़ी को तीन करोड़ रु. देकर अपना बना लिया।
2. 18 साल के अफगान खिलाड़ी राशिद ख़ान भी 4 करोड़ रु. में सनराइजर्स हैदराबाद द्वारा खरीदे गये। बेस प्राइस (50 लाख) से आठ गुना ज़्यादा।
3. राजस्थान के तेज़ गेंदबाज अनिकेत चौधरी को रॉयल चैलेंजर्स ने 2 करोड़ में खरीदा। अनिकेत टेस्ट टीम के लिए नेट्स पर नियमित तौर पर गेंदबाजी करते रहे हैं और कप्तान विराट कोहली लगातार उनका सामना करते रहे हैं। कोहली को पता है कि अनिकेत क्या कर सकते हैं।

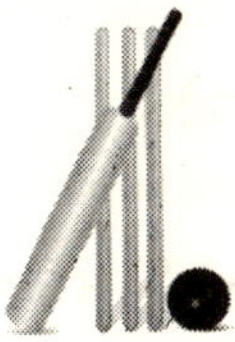

आई.पी.एल. : दस सालों का बदलता स्वरूप

आई.पी.एल. की शुरुआत सन् 2008 में हुई जो कि 18 अप्रैल से 1 जून तक आयोजित हुई। इस दौरान 59 मैच आयोजित किये गये और इस आयोजन को क्रिकेट का महासंग्राम नाम दिया गया।

आई.पी.एल.-1

इस शुरुआती आयोजन के फाइनल मैच में राजस्थान रॉयल्स ने अन्तिम ओवर की अन्तिम गेंद पर चेन्नई सुपरकिंग्स को एक रोमांचक मुक़ाबले में हराया था।

यहाँ से क्रिकेट का ऐसा उत्साह बना जो आज भी लगातार साल-दर-साल बढ़ता जा रहा है। दर्शकों की संख्या में बढ़ोतरी जारी है और क्रिकेट को एक ऐसा लोकप्रिय मुक़ाम मिल रहा है जो इससे पहले कभी किसी खेल को इतने कम समय में नहीं मिला। आई.पी.एल. 2008 की शुरुआत से ही ये बॉलीवुड और क्रिकेट सितारों का एक ऐसा संगम बन गया है जहाँ पर चमक-दमक और ग्लैमर भरपूर है।

आई.पी.एल. के दस सालों का सफ़र और बदलते स्वरूप पर कुछ सालों का संक्षिप्त विवरण प्रस्तुत है।

आई.पी.एल. जैसा रोचक टूर्नामेंट और कोई अभी तक नहीं हुआ है, जहाँ पर सभी कुशल और विश्व के जाने-माने खिलाड़ी एक साथ खेले हों। ये बहुत ही मज़बूत और रोमांच से भरपूर टूर्नामेंट के रूप में सामने आया है। जहाँ मैच एक युद्ध की तरह पहली बॉल से शुरू होता है और आखि़री बॉल तक रोमांच से भरपूर होता है।

इस खेल की एक बहुत ही सुन्दर विशेषता है कि इस खेल के दौरान कुछ बहुत ही बड़े नाम सामने आये जिन्होंने अपने प्रदर्शन के दम पर सभी का दिल जीत लिया। ये सभी खूबसूरत प्रदर्शन करने वाले खिलाड़ी बहुत ही छोटे घरेलू मैदान के खिलाड़ी रहे थे। इस तरह यह खेल उन खिलाड़ियों के लिए सबसे अच्छा माना जाता है।

आई.पी.एल.-2

सन् 2009 में भारत में आम चुनाव के कारण (जहाँ भारतीय गवर्नमेण्ट ने आई.पी.एल. में सिक्योरिटी देने में असमर्थता जाहिर की) ये खेल एक महीने के लिए साउथ अफ्रीका में स्थानान्तरित हो गया।

आई.पी.एल.-3

सन् 2010 में आई.पी.एल. ऐसा पहला क्रिकेट टूर्नामेंट बना जिसका यू-ट्यूब पर सीधा प्रसारण किया गया। इसी साल टूर्नामेंट के आख़िरी चार मैचों का पूरे भारतवर्ष में 3D प्रसारण सिनेमाहॉल में किया गया। इसी साल के विजेता चेन्नई सुपरकिंग्स को फेयर प्ले अवार्ड (Fair Play Award) से सम्मानित किया गया।

सन् 2010 के आख़िरी टूर्नामेंट में बम पाये जाने के कारण मैच में गतिरोध उत्पन्न हुआ, परन्तु कुछ चर्चित खिलाड़ियों के प्रयास से सीरीज़ जारी रही।

सन् 2010 के इस टूर्नामेंट में भारत रत्न सचिन तेन्दुलकर प्ले ऑफ़ द सीरीज़ (Player of the Series) के विजेता (Award Winner) रहे।

आई.पी.एल. मैनेजमेंट की गाइडलाइन के अनुसार कोई भी टीम 2 मिनट 30 सेकण्ड का ब्रेक ले सकती है। इसमें बल्लेबाज टीम 11 से 16वें ओवर में और गेंदबाज टीम 6 से 8वें ओवर में यह ब्रेक ले सकती है।

हालाँकि इसकी शुरूआत सन् 2009 में हुई थी। तब ये समय सात मिनट और 30 सेकण्ड का था। उस दौर के चेयरमैन ललित मोदी ने कहा कि इस समय- सीमा पर दुबारा विचार किया जाये। कुछ महत्त्वपूर्ण खिलाड़ियों ने इस लम्बे ब्रेक को अस्वीकार किया था। सचिन तेन्दुलकर ने कहा कि ये ब्रेक टीम की लय में रुकावट पैदा करता है। ललित मोदी ने इसे घटाकर कुल 5 मिनट- 2.50 मिनट प्रत्येक टीम के लिए बाँट दिया।

आई.पी.एल.-4

सन् 2011-क्रिकेट विश्व कप का खिताब जीतने वाली भारतीय टीम जो भारत को विश्वकप के नक्शे पर फिर से खींच लायी थी और कप्तान महेन्द्र सिंह धोनी और उनके टीम मेम्बर्स द्वारा ये जीत पूरी तरह भारत रत्न सचिन तेन्दुलकर के लिए समर्पित थी।

आई.पी.एल.-4 की एक बहुत बड़ी चुनौती यह थी कि दर्शक बहुत ही थके हुए थे क्योंकि विश्व कप के छह दिन बाद ही ये आई.पी.एल.-4 शुरू होना था। टी.वी. रेटिंग भी गिर गयी थी।

आई.पी.एल.-4 इस बार 10 टीमों के साथ शुरू हुआ। नयी जुड़ी टीमें-कोच्चि टस्कर्स केरल और पुणे वारियर्स इण्डिया क्रमशः आठवें और नौवें स्थान पर रहीं।

ये पूरा आई.पी.एल.-4 सीजन महान् बल्लेबाज क्रिस गेल (वेस्टइण्डीज) के नाम रहा। 44 छक्कों और कुल 608 रन उन्होंने अपने नाम किये और दर्शकों के बीच छाये रहे। सबसे महत्त्वपूर्ण उनका स्ट्राइक रेट 12 मैच और 183+ स्ट्राइक रेट। लेकिन महत्त्वपूर्ण मैच में वो न चल सके। फाइनल मैच रॉयल चैलेंजर बैंगलोर और चेन्नई के बीच हुआ जहाँ चेन्नई सुपर किंग्स के आर. अश्विन ने उन्हें शून्य पर आउट कर दिया और चेन्नई सुपरकिंग्स विजेता बनी।

आई.पी.एल.-5

सन् 2012 में आई.पी.एल. अपने पूरे जोर-शोर के साथ वापस आया। इस बार दर्शकों का उत्साह देखते ही बनता था। दर्शकों की भीड़ ने इस आई.पी.एल. सीजन-2012 का दिल खोलकर स्वागत किया।

- मुख्य आकर्षण आई.पी.एल.-2012 में वापस क्रिस गेल की बल्लेबाजी रही —733 कुल रन और दिल्ली डेयरडेविल्स के ख़िलाफ़ 128 रन/टोटल 13 छक्के। इस शतक में उन्होंने दर्शकों का खूब मनोरंजन किया।
- एक और आकर्षण 2012 में रहा—भारतीय गेंदबाज सुनील नारायण जिन्होंने 54.7 इकोनॉमी रेट के साथ कुल 24 विकेट अपने नाम किए।

2012 के इस टूर्नामेंट में कोलकाता नाइट राइडर्स एक कमज़ोर फ्रेंचाइजी के रूप में प्रदर्शन कर रही थी। परन्तु 2012 आई.पी.एल. का विजेता बनने के बाद टीम के (Co-owner) शाहरुख़ ख़ान को बहुत रिलीफ (Relief) मिला। बहुत ही जोर-शोर के साथ शुरुआत और समापन हुआ।

आई.पी.एल.-6

सन् 2013 में आई.पी.एल. का खिताब बहुत ही महँगी फ्रेंचाइजी मुम्बई इण्डियंस द्वारा पहली बार जीता गया।

मुम्बई इण्डियंस ने चेन्नई सुपर किंग्स को 23 रन से हराकर ईडन गार्डन में ये खिताब अपने नाम किया। 2013 में कुछ ऐसा विवाद उठा जो अपने आप में एक आश्चर्य है।

- एस. श्रीसंत और उनके राजस्थान रॉयल्स के साथी खिलाड़ी अंकित चव्हाण और अजीत चंडेला को स्पॉट फिक्सिंग के आरोप में गिरफ्तार किया गया और बी.सी.सी.आई. द्वारा खिलाड़ियों को निष्कासित किया गया।

- चेन्नई सुपरकिंग्स के टॉप मैनेजमेंट ऑफ़िशियल और उस समय के बी.सी.सी.आई. अध्यक्ष श्रीनिवासन के दामाद गुरुनाथ मयप्पन को सट्टा और जालसाजी के केस में गिरफ़्तार कर लिया गया।
- राजस्थान रॉयल्स के सह–मालिक राज कुंद्रा ने इस सट्टे को स्वीकार किया।
- बी.सी.सी.आई. अध्यक्ष श्रीनिवासन को बी.सी.सी.आई. कार्यकारिणी मीटिंग में कुछ समय के लिए अध्यक्ष पद से हटा दिया गया।

आई.पी.एल.–7

2013 के विवादीय सत्र के बाद सन् 2014 का ये आई.पी.एल. सत्र बिना किसी स्कैण्डल के आयोजकों को बहुत ही रिलीफ़ देने वाला रहा।

शुरुआती सत्र की तारीखें भारत में संसदीय चुनाव की तारीख़ों से टकरा गयीं। आयोजकों द्वारा इस सत्र को यूनाइटेड अरब अमीरात (UAE) में स्थानान्तरित किया गया।

किंग्स इलेवन पंजाब के खिलाड़ी ग्लेन मैक्सवेल द्वारा बहुत ही शानदार प्रदर्शन किया गया।

कोलकाता नाइट राइडर्स द्वारा दूसरी बार इस खिताब को अपने नाम किया गया। कोलकाता नाइट राइडर्स के मनीष पांडे की विस्फोटक पारी (94 रन–50 बॉल) ने कोलकाता को दूसरा आई.पी.एल. खिताब दिलाने में बड़ा सहयोग दिया।

आई.पी.एल.–8

सन् 2015 का सत्र बहुत ही नाजुक और नज़दीकी रहा। नॉकआउट दौर में करीब छह टीमों के बीच क्वालीफाई करने का चांस बना रहा। अंत में रॉयल चैलेंजर्स बैंगलोर, राजस्थान रॉयल्स, मुम्बई इण्डियंस और चेन्नई सुपरकिंग्स में आपसी मैच हुआ। बहुत ही ख़ूबसूरती के साथ इन चारों टीमों ने आपस में मुकाबला कियाँ।

मुम्बई इण्डियंस शुरुआत में कमजोर टीम दिखी। लेकिन अन्त में 2015 का आई.पी.एल. खिताब जीतकर तीन साल में दो बार चैम्पियन बनी। मुम्बई इण्डियंस ने 2015 आई.पी.एल. का खिताब बहुत ही उम्दा प्रदर्शन करने वाली टीम चेन्नई सुपरकिंग्स को हराकर अपने नाम किया। रॉयल चैलेंजर्स बैंगलोर और राजस्थान रॉयल्स क्रमशः तीसरे और चौथे स्थान पर रहीं।

आई.पी.एल.-9

सन् 2013 की स्पॉट फिक्सिंग का नतीजा ये रहा कि माननीय सुप्रीम कोर्ट के आदेशानुसार चेन्नई सुपरकिंग्स और राजस्थान रॉयल्स को दो साल के लिए आई.पी.एल. शृंखला से निलम्बित कर दिया गया।

आई.पी.एल. को आठ टीमों का टूर्नामेंट बनाये रखने के लिए नये टेंडर पारित किये गये। दो नयी टीमें बनीं—गुजरात लॉयन्स और राइजिंग पुणे सुपरजायण्ट्स।

राजस्थान रॉयल्स और चेन्नई सुपरकिंग्स के प्रमुख 5 खिलाड़ियों को इन दो नयी टीमों में स्थान दिया गया। बाकी सभी खिलाड़ियों को बोली लगाने के लिए छोड़ दिया गया।

इन सभी के साथ सन् 2016 के आई.पी.एल. में बीसीसीआई के लिए फिर एक परेशानी खड़ी हो गयी।

मई महीने में सूखे की स्थिति को देखते हुए महाराष्ट्र हाइकोर्ट में पी.आई.एल. दाखिल हुई। हाईकोर्ट ने बीसीसीआई को आई.पी.एल. मैच महाराष्ट्र से बाहर करने का आदेश दिया।

सन् 2016 में मैदान में प्रदर्शन को अगर देखा जाये तो आरसीबी कप्तान और भारतीय खिलाड़ी विराट कोहली द्वारा कुल 973 रन इकट्ठे किये गये जो किसी भी आई.पी.एल. शृंखला में सबसे ज़्यादा थे। इसके साथ ही आई.पी.एल. की एक ही शृंखला में 2 शतक बनाने वाले पहले खिलाड़ी विराट कोहली बने।

सनराइजर्स हैदराबाद के कप्तान डेविड वार्नर (जो कि सन् 2013 में डेक्कन चार्जर्स से रिप्लेस हुए थे) ने बिना कोई मैच हारे हुए 2016 का आई.पी.एल. टाइटल अपनी टीम के नाम किया।

एम. चिन्नास्वामी स्टेडियम में खेले गये फाइनल मैच में सनराइजर्स हैदराबाद ने रॉयल चैलेंजर्स बैंगलोर को आठ रन से हराया। कप्तान के रूप में डेविड वार्नर ऐसे तीसरे आस्ट्रेलियन खिलाड़ी बने जो आई.पी.एल. ट्रॉफी जीते। इससे पहले शेन वार्न और एडम गिलक्रिस्ट पहले और दूसरे आई.पी.एल. विजेता रहे।

आई.पी.एल.-10

अब 2017 दसवाँ साल—इस साल कुछ नया हुआ। दर्शकों का मनोरंजन क्रिकेट सितारों के साथ फ़िल्मी सितारों ने भी किया।

हर बार सिर्फ़ एक शुरुआती आयोजन आई.पी.एल. की हर श्रृंखला में होता था। लेकिन दसवाँ सत्र कुछ नया लेकर आया। हर आई.पी.एल. वेन्यू पर मैच शुरू होने से पहले फ़िल्मी सितारों द्वारा मनोरंजन किया गया।

इस समारोह में प्रस्तुति देने वाले फ़िल्मी सितारे थे—

- एमी जैक्सन (हैदराबाद)
- रितेश देशमुख (पुणे)
- टाइगर श्रॉफ, भूमि त्रिवेदी (राजकोट)
- दिशा पाटनी और हर्षदीप कौर (इन्दौर)
- कीर्ति सनोन और बॉबी देओल (बैंगलुरु)
- मल्लिका अरोड़ा और सुशान्त सिंह राजपूत (मुम्बई)
- श्रद्धा कपूर, मोनाली ठाकुर (कोलकाता)
- यामी गौतम और गुरु रन्धावा (दिल्ली)

इन कुल 10 सालों में 6 चैम्पियन टीमें सामने आयीं—

2008	राजस्थान रॉयल्स
2009	डेक्कन चार्जर्स
2010	चेन्नई सुपर किंग्स
2011	चेन्नई सुपर किंग्स
2012	कोलकाता नाइट राइडर्स
2013	मुम्बई इण्डियंस (सचिन तेन्दुलकर ने अपने रिटायरमेण्ट की घोषणा की)
2014	कोलकाता नाइट राइडर्स
2015	मुम्बई इण्डियंस
2016	सनराइजर्स हैदराबाद
2017	मुम्बई इण्डियंस
2018	चेन्नई सुपर किंग्स

कुछ प्रमुख बातें भी रहीं जो इस प्रकार हैं:

- महेन्द्र सिंह धोनी, रोहित शर्मा और गौतम गम्भीर क्रमशः 2010/2011, 2015/2017, 2012/2014 में 2–2 बार आई.पी.एल. खिताब अपने नाम कर चुके हैं।

- भारतरत्न सम्मानित और महान् खिलाड़ी सचिन तेन्दुलकर ने 2013 में मुम्बई इण्डियंस के लिए आई.पी.एल. खिताब जीतकर अपने संन्यास की घोषणा की।
- शेन वार्न, एडम गिलक्रिस्ट और डेविड वार्नर जैसे प्रमुख नॉन इण्डियन खिलाड़ी भी आई.पी.एल. टाइटल अपने नाम कर चुके हैं।
- इन सभी में पिछले दस सालों में सर्वाधिक आई.पी.एल. टाइटल 3 बार मुम्बई इण्डियंस ने अपने नाम किया है।
- चेन्नई सुपरकिंग्स एकमात्र ऐसी टीम है जिसने लगातार 2010, 2011 का आई.पी.एल. टाइटल अपने नाम किया। शाहरुख़ ख़ान और जूही चावला की टीम कोलकाता नाइट राइडर्स भी 2012 एवं 2014 में दो बार आई.पी.एल. का खिताब अपने नाम कर चुकी है।

भारतवर्ष के प्रमुख आई.पी.एल. क्रिकेट स्टेडियम

आई.पी.एल. हेतु चयनित स्टेडियम और उनकी क्षमता इस प्रकार है:

भारतवर्ष में प्रमुख स्टेडियम की क्षमता

शहर	स्टेडियम क्षमता	स्टेडियम नाम
चेन्नई	50,000	एम.ए. चिदम्बरम स्टेडियम
मुम्बई	33,000	वानखेड़े स्टेडियम
कोच्चि	60,000	जवाहरलाल नेहरू स्टेडियम
कोलकाता	68,000	ईडन गार्डन
मोहाली	30,000	पी.सी.ए. स्टेडियम
बैंगलुरु	45,000	एम. चिन्नास्वामी स्टेडियम
हैदराबाद	40,000	राजीव गाँधी अन्तरराष्ट्रीय स्टेडियम
दिल्ली	48,000	फिरोजशाह कोटला
इन्दौर	30,000	होलकर क्रिकेट स्टेडियम
जयपुर	30,000	सवाई मानसिंह स्टेडियम
नवी मुम्बई	55,000	डी.वाई. पाटिल स्टेडियम
धर्मशाला	23,000	एच.पी.सी.ए. स्टेडियम

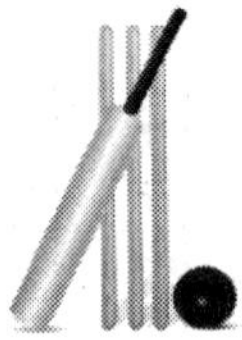

दस वर्षों में आई.पी.एल. के स्थापित कीर्तिमान (2008 से 2017)

(क) टीम कीर्तिमान

1. सबसे ज़्यादा हारने वाली टीम
2. सबसे ज़्यादा लगातार जीत
3. सबसे बड़ी पीछा करते हुए जीत
4. टीम का पारी में सबसे ज़्यादा स्कोर
5. टीम का पारी में न्यूनतम स्कोर

(ख) विशेष व्यक्तिगत पुरस्कार

1. पर्पल कैप
2. ऑरेंज कैप
3. प्लेयर ऑफ़ द मैच (फाइनल) सीरीज़।
4. सबसे ज़्यादा छक्कों के लिए पुरस्कार।

(ग) बल्लेबाजी और गेंदबाजी कीर्तिमान

1. दस वर्षों में सबसे तेज़ शतक।
2. दस वर्षों में सबसे तेज़ अर्धशतक।
3. दस वर्षों में सर्वाधिक छक्के ।
4. दस वर्षों में एक ही पारी में सर्वाधिक छक्के।
5. कीर्तिमान बनाने वाले, महत्त्वपूर्ण खिलाड़ियों की महत्त्वपूर्ण बातें।
6. दस वर्षों में ऑल टाइम बैटिंग लीडर्स और उनकी स्ट्राइक रेट।
7. गेंदबाजी कीर्तिमान।

वर्ष मौसम	विजेता	फाइनल परिणाम	उपविजेता	फाइनल स्थान	टीमों की संख्या	सबसे मूल्यवान खिलाड़ी
2008	राजस्थान रॉयल्स (164/7) (20 ओवर)	3 विकेट से विजेता	चेन्नई सुपरकिंग्स (163/5) (20 ओवर)	डी.वाई. पाटिल स्टेडियम	8	शेन वॉटसन
2009	डेक्कन चार्जर्स (143/6) (20 ओवर)	6 रन से विजेता	रॉयल चैलेंजर्स बैंगलुरु (137/9) (20 ओवर)	वांडरर्स स्टेडियम (दक्षिण अफ्रीका)	8	एडम गिलक्रिस्ट
2010	चेन्नई सुपरकिंग्स (168/5) (20 ओवर)	22 रन से विजेता	मुम्बई इण्डियंस (146/9) (20 ओवर)	डी.वाई. पाटिल स्टेडियम	8	सचिन तेंदुलकर
2011	चेन्नई सुपरकिंग्स (205/5) (20 ओवर)	58 रन से विजेता	रॉयल चैलेंजर्स बैंगलुरु (147/8) (20 ओवर)	चिदम्बरम स्टेडियम	10	क्रिस गेल
2012	कोलकाता नाइटराइडर्स (200/7) (19.4 ओवर)	5 विकेट से विजेता	चेन्नई सुपरकिंग्स (190/3) (20 ओवर)	चिदम्बरम स्टेडियम	9	सुनील नारायण
2013	मुम्बई इण्डियंस (148/9) (20 ओवर)	23 रन से विजेता	चेन्नई सुपरकिंग्स (125/9) (20 ओवर)	ईडन गार्डन	9	शेन वॉटसन
2014	कोलकाता नाइटराइडर्स (200/7) (19.3 ओवर)	3 विकेट से विजेता	किंग्स इलेवन पंजाब (199/4) (20 ओवर)	एम. चिन्नास्वामी स्टेडियम	8	ग्लेन मैक्सवेल
2015	मुम्बई इण्डियंस (202/5) (20 ओवर)	41 रन से विजेता	चेन्नई सुपरकिंग्स (161/8) (20 ओवर)	ईडन गार्डन	8	आंद्रे रसेल
2016	सनराइजर्स हैदराबाद (208/7) (20 ओवर)	8 रन से विजेता	रॉयल चैलेंजर्स बैंगलुरु (200/7) (20 ओवर)	एम. चिन्नास्वामी स्टेडियम	8	विराट कोहली
2017	मुम्बई इण्डियंस (129/8) (20 ओवर)	1 रन से विजेता	राइजिंग पुणे सुपर जाएंट्स (128/5) (20 ओवर)	राजीव गाँधी इण्टरनेशनल स्टेडियम	8	बेन स्टोक्स

अब तक 10 वर्षों के टूर्नामेण्ट में टीमों का प्रदर्शन इस प्रकार रहा—

टीम	2008	2009	2010	2011	2012	2013	2014	2015	2016	2017
राजस्थान रॉयल्स	विजेता	−6	−7	−6	7	3	5	4	SUS	SUS
चेन्नई सुपरकिंग्स	उप विजेता	−4	विजेता	विजेता	उप विजेता	उप विजेता	3	उप विजेता	SUS	SUS
किंग्स इलेवन पंजाब	−3	−5	−8	−5	6	6	उप विजेता	8	8	5
दिल्ली डेयरडेविल्स	−4	−3	−5	−10	3	9	8	7	6	6
मुम्बई इण्डियंस	−5	−7	उप विजेता	−3	4	विजेता	4	विजेता	5	विजेता
कोलकाता नाइटराइडर्स	−6	−8	−6	−4	विजेता	7	विजेता	5	4	3
रॉयल चैलेंजर्स बैंगलुरु	−7	उप विजेता	−3	−2	5	5	7	3	उप विजेता	8
डेक्कन चार्जर्स	−8	विजेता	−4	−7	8	DF	DF	DF	DF	DF
गुजरात लॉयन्स	NP	NP	NP	NP	NP	NP	NP	NP	3	7
राइजिंग पुणे सुपर जायंट्स	NP	NP	NP	NP	NP	NP	NP	NP	7	उप विजेता
सनराइजर्स हैदराबाद	NP	NP	NP	NP	NP	4	6	6	विजेता	4
पुणे वारियर्स इण्डिया	NP	NP	NP	−9	9	8	DF	DF	DF	DF
कोच्चि टस्कर्स केरल	NP	NP	NP	−8	DF	DF	DF	DF	DF	DF

NP – No Played (नहीं खेले)

DF – Team Defunction & Discontinued

SUS – Suspension (for 2 yrs.)

मृत और निलम्बित टीमें

टीम	शहर	राज्य	घरेलू मैदान	निलम्बित वर्ष
पुणे वॉरियर्स इण्डिया	पुणे	महाराष्ट्र	एम.सी.ए. स्टेडियम	2013
डेक्कन चार्जर्स	हैदराबाद	तेलंगाना	राजीव गाँधी अन्तर्राष्ट्रीय क्रिकेट स्टेडियम	2012
कोच्चि टस्कर्स केरल	कोच्चि	केरल	जे.एल.एन. स्टेडियम	2011
चेन्नई सुपर किंग्स	चेन्नई	तमिलनाडु	चिदम्बरम स्टेडियम	2015
राजस्थान रॉयल्स	जयपुर	राजस्थान	सवाई मानसिंह स्टेडियम	2015

टूर्नामेंट परिणाम—अब तक कुल 13 टीमें आई.पी.एल. में खेल चुकी हैं। मुम्बई इण्डियंस लीग के 10 साल के इतिहास में सबसे सफल टीम रही है।

अन्य टीमें जो इस टूर्नामेण्ट में जीत दर्ज कर चुकी हैं वे हैं-राजस्थान रॉयल्स, डेक्कन चार्जर्स, सनराइजर्स हैदराबाद और चेन्नई सुपरकिंग्स।

कुछ विशेष व्यक्तिगत पुरस्कार

पर्पल कैप—पर्पल कैप आई.पी.एल. में सर्वाधिक विकेट लेने वाले गेंदबाज को दी जाती है।

वर्ष	टीम	राष्ट्रीयता	खिलाड़ी	विकेट
2008	राजस्थान रॉयल्स	पाकिस्तान	सोहेल तनवीर	22
2009	डेक्कन चार्जर्स	भारत	आर.पी. सिंह	23
2010	डेक्कन चार्जर्स	भारत	प्रज्ञान ओझा	21
2011	मुम्बई इण्डियंस	श्रीलंका	लसिथ मलिंगा	28
2012	दिल्ली डेयरडेविल्स	दक्षिण अफ्रीका	मोर्ने मोर्केल	25
2013	चेन्नई सुपर किंग्स	वेस्टइंडीज	ड्वेन ब्रावो	32
2014	चेन्नई सुपर किंग्स	भारत	मोहित शर्मा	23

2015	चेन्नई सुपर किंग्स	वेस्टइंडीज	ड्वेन ब्रावो	24
2016	सनराइजर्स हैदराबाद	भारत	भुवनेश्वर कुमार	23
2017	सनराइजर्स हैदराबाद	भारत	भुवनेश्वर कुमार	26
2018	किंग्स इलेवन पंजाब		एंड्रयू टाय	24

प्लेयर ऑफ़ द मैच (फाइनल) सीरीज़

वर्ष	फाइनल में प्लेयर ऑफ़ द मैच	प्लेयर ऑफ़ द सीजन (Most Valuable Player)
2008	यूसुफ पठान	शेन वॉटसन
2009	अनिल कुंबले	एडम गिलक्रिस्ट
2010	सुरेश रैना	सचिन तेंदुलकर
2011	मुरली विजय	क्रिस गेल
2012	मनविंदर बिसला	सुनील नारायण
2013	किरोन पोलार्ड	शेन वॉटसन
2014	मनीष पाण्डे	ग्लेन मैक्सवेल
2015	रोहित शर्मा	आंद्रे रसेल
2016	बेन कटिंग	विराट कोहली
2017	कुणाल पांड्या	बेन स्टोक्स
2018	शैन पांड्या	सुनील नारायण

आई.पी.एल. में कुछ विशेष व्यक्तिगत पुरस्कार

ऑरेंज कैप—नारंगी टोपी शृंखला के दौरान सबसे अधिक रन बनाने वाले बल्लेबाज को दी जाती है।

वर्ष	टीम	राष्ट्रीयता	खिलाड़ी	रन	स्ट्रा. रेट
2008	किंग्स इलेवन पंजाब	ऑस्ट्रेलिया	शान मार्श	616	139.68
2009	चेन्नई सुपरकिंग्स	ऑस्ट्रेलिया	मैथ्यू हैडन	572	144.81
2010	मुंबई इण्डियंस	भारत	सचिन तेंदुलकर	618	132.61

2011	रॉयल चैलेंजर्स बैंगलोर	वेस्टइंडीज	क्रिस गेल	608	183.13
2012	रॉयल चैलेंजर्स बैंगलोर	वेस्टइंडीज	क्रिस गेल	733	160.74
2013	चेन्नई सुपर किंग्स	ऑस्ट्रेलिया	माइकल हसी	733	129.50
2014	कोलकाता नाइटराइडर्स	भारत	रॉबिन उथप्पा	660	137.78
2015	सनराइजर्स हैदराबाद	ऑस्ट्रेलिया	डेविड वार्नर	562	156.54
2016	रॉयल चैलेंजर्स बैंगलोर	भारत	विराट कोहली	973	152.03
2017	सनराइजर्स हैदराबाद	आस्ट्रेलिया	डेविड वार्नर	641	141.81
2017	सनराइजर्स	आस्ट्रेलिया	डेविड वार्नर	641	141.81
2018	हैदराबाद	न्यूजीलैण्ड	केन विलियमसन	735	137.41

सबसे ज़्यादा छक्कों के लिए पुरस्कार

वर्ष	खिलाड़ी	मैच	छक्के
2008	सनथ जयसूर्या	14	31
2009	एडम गिलक्रिस्ट	16	29
2010	रॉबिन उथप्पा	16	27
2011	क्रिस गेल	12	44
2012	क्रिस गेल	15	59
2013	क्रिस गेल	16	51
2014	ग्लेन मैक्सवेल	16	36
2015	क्रिस गेल	14	38
2016	विराट कोहली	16	38
2017	ग्लेन मैक्सवेल	14	26
2017	डेविड वार्नर	14	26
2018	ऋषभ पन्त	14	37

आई.पी.एल. के इतिहास में 10 वर्षों में बनी हैट्रिक तालिका

क्रम	बॉलर	विरोधी दल	सीजन
1.	लक्ष्मीपति बालाजी (चेन्नई सुपरकिंग्स)	किंग्स इलेवन पंजाब	2008
2.	अमित मिश्रा (दिल्ली डेयरडेविल्स)	डेक्कन चार्जर्स	2008
3.	मखाया एंटिनी (चेन्नई सुपरकिंग्स)	कोलकाता नाइटराइडर्स	2008
4.	युवराज सिंह (किंग्स इलेवन पंजाब)	रॉयल चैलेंजर्स बैंगलोर	2009
5.	रोहित शर्मा (डेक्कन चार्जर्स)	मुम्बई इण्डियंस	2009
6.	युवराज सिंह (किंग्स इलेवन पंजाब)	डेक्कन चार्जर्स	2009
7.	प्रवीन कुमार (रॉयल चैलेंजर्स बैंगलोर)	राजस्थान रॉयल्स	2010
8.	अमित मिश्रा (डेक्कन चार्जर्स)	किंग्स इलेवन पंजाब	2011
9.	अमित चंडीला (राजस्थान रॉयल्स)	पुणे वारियर्स इण्डिया	2012
10.	सुनील नारायण (कोलकाता नाइटराइडर्स)	किंग्स इलेवन पंजाब	2013
11.	अमित मिश्रा (सनराइजर्स हैदराबाद)	पुणे वॉरियर्स इण्डिया	2013
12.	प्रवीन ताम्बे (राजस्थान रॉयल्स)	कोलकाता नाइटराइडर्स	2014
13.	शेन वाटसन (राजस्थान रॉयल्स)	सनराइजर्स हैदराबाद	2014
14.	अक्षर पटेल (किंग्स इलेवन पंजाब)	गुजरात लॉयन्स	2016
15.	सैम्युल बद्री (रॉयल चैलेंजर्स बैंगलोर)	मुम्बई इण्डियंस	2017
16.	एण्ड्रयू टाय (गुजरात लॉयन्स)	राइजिंग पुणे सुपरजायंट्स	2017

सबसे तेज़ शतक

बल्लेबाज	बॉल	विरोधी टीम	सीजन
एडम गिलक्रिस्ट	42	मुम्बई इण्डियंस	2008
यूसुफ पठान	37	मुम्बई इण्डियंस	2010
क्रिस गेल	30	पुणे वॉरियर्स इण्डिया	2013
डेविड मिलर	38	रॉयल चैलेंजर्स बेंगलुरु	2013
ए.बी. डी विलियर्स	46	गुजरात लॉयन्स	2013

सबसे तेज़ अर्धशतक

बल्लेबाज	बॉल	विरोधी टीम	सीजन
एडम गिलक्रिस्ट	17	दिल्ली डेयरडेविल्स	2009
क्रिस गेल	17	पुणे वॉरियर्स इण्डिया	2013
यूसुफ पठान	15	सनराइजर्स हैदराबाद	2014
सुरेश रैना	16	किंग इलेवन पंजाब	2014
किरोन पोलार्ड	17	कोलकाता नाइट राइडर्स	2016
क्रिस मोरिस	17	गुजरात लाइंस	2016
सुनील नारायण	15	रॉयल चैलेंजर्स बैंगलोर	2017

(15, 16 व 17 बॉल)

आई.पी.एल. में बल्लेबाजी रिकॉर्ड

पाठकों को एक बहुत ही महत्त्वपूर्ण जानकारी देना चाहते हैं। अब तक के 10 वर्षों के इतिहास में आई.पी.एल. में कुछ महत्त्वपूर्ण बल्लेबाजों ने सबसे ज़्यादा छक्कों का रिकॉर्ड बनाकर इसे रोमांचक बनाने में कोई कसर नहीं छोड़ी है।

दस वर्षों में सर्वाधिक छक्के लगाने का रिकॉर्ड और एक ही पारी में सर्वाधिक छक्के लगाने का रिकॉर्ड एक ही बल्लेबाज ने अपने नाम किया हैं और वह हैं क्रिस गेल। कुछ विवरण इस प्रकार हैं—

दस वर्षों में सर्वाधिक छक्के

	बल्लेबाज	पारियाँ	छक्के
1.	क्रिस गेल	100	265 (2009-2017)
2.	सुरेश रैना	157	173 (2008-2017)
3.	रोहित शर्मा	154	172 (2008-2017)
4.	डेविड वार्नर	114	160 (2009-2017)
5.	विराट कोहली	141	159 (2008-2017)

(21 मई, 2017 तक)

दस वर्षों में एक ही पारी में सर्वाधिक छक्के

	बल्लेबाज	छक्के	विरोधी टीम	वर्ष
1.	ब्रेंडन मैकुलम	13	रॉयल चैलेंजर्स बेंगलुरु	2008
2.	क्रिस गेल	13	दिल्ली डेयरडेविल्स	2012
3.	क्रिस गेल	17	पुणे वॉरियर्स इण्डिया	2013
4.	क्रिस गेल	12	किंग्स इलेवन पंजाब	2015
5.	ए.बी. डी विलियर्स	12	गुजरात लाइंस	2016

(21 मई, 2017 तक)

बल्लेबाजी कीर्तिमान

क्रिस गेल—जो कि RCB की तरफ से खेलते थे। वर्तमान में किंग्स इलेवन पंजाब से जुड़े है। इस महान् खिलाड़ी की बल्लेबाजी की जितनी तारीफ़ की जाये वो कम है। हम पाठकों को बताना चाहेंगे कि अब तक के दस वर्षों के आई.पी.एल. इतिहास में सबसे तेज़ शतक लगाने का रिकॉर्ड इसी महान खिलाड़ी के नाम है। इन्होंने सन् 2013 में RCB की तरफ़ से खेलते हुए विरोधी टीम पुणे वॉरियर्स के ख़िलाफ़ 100 रन सिर्फ़ 30 बॉल में पूरे किये जो कि अब तक आई.पी.एल. के दस वर्षों में सबसे तेज़ शतक है। सिर्फ़ 66 बॉल में 175 रन बनाकर इस बल्लेबाज ने एक नया कीर्तिमान हासिल किया है।

यूसुफ पठान—आई.पी.एल. में दूसरी सबसे तेज़ सेंचुरी का रिकॉर्ड यूसुफ पठान के नाम दर्ज है। राजस्थान रॉयल्स के लिए खेलते हुए यूसुफ पठान ने

2010 में मुम्बई इण्डियंस के ख़िलाफ़ 212 रन के विशाल टारगेट का पीछा करते हुए सिर्फ़ 37 गेंदों पर 100 रन बना डाले। यूसुफ ने अपनी पारी में 8 छक्के और 9 शानदार चौके लगाये और कुल 37 गेंदों पर सेंचुरी ठोंक डाली, जो कि उस समय आई.पी.एल. में अब तक की सबसे तेज़ सेंचुरी थी। 2013 तक यह रिकॉर्ड कायम था।

डेविड मिलर—साउथ अफ्रीका के इस तूफ़ानी बल्लेबाज ने 2013 में RCB के ख़िलाफ़ 191 रन के टारगेट का पीछा करते हुए मोहाली में महज 38 बॉल में 100 रन जड़ दिये थे। किलर मिलर ने अपने 100 रन 7 छक्के और 8 चौकों की मदद से पूरे किये। मिलर 101 रन बनाकर नॉट आउट लौटे थे और अपनी टीम को यादगार जीत दिलाई थी।

आई.पी.एल. में सबसे तेज़ अर्धशतक बनाने वाले बल्लेबाज

फास्टेस्ट हाफ़ सेंचुरी के मामले में 2014 में खेल रही चेन्नई सुपरकिंग्स के सुरेश रैना दूसरे स्थान पर हैं। रैना 2008 से 2015 तक चेन्नई सुपरकिंग्स से खेले हैं। जिन्होंने आई.पी.एल. 2014 में 16 गेंदों में 50 रन बनाकर दूसरा फास्टेस्ट अर्द्धशतक बनाया है। इन्होंने यह कमाल किंग्स इलेवन पंजाब के ख़िलाफ़ किया था। सुरेश रैना ने 2008 से 2016 के बीच 133 आई.पी.एल. मैचों की 129 पारियों में 20 बार नाबाद रहते हुए 140.07 के स्ट्राइक रेट से 3719 रन बनाए और वह 2016 तक नम्बर एक बने रहे है।

संन्यास ले चुके **गिलक्रिस्ट** भी कम नहीं (17 बॉल 50 रन)।

एडम गिलक्रिस्ट—केवल 17 गेंद में 50 रन बनाकर एडम गिलक्रिस्ट डेक्कन चार्जर्स की तरफ़ से खेलते हुए 2009 में दिल्ली डेयरडेविल्स के ख़िलाफ़ ये कमाल कर चुके हैं।

क्रिस गेल—इस चर्चा में क्रिस गेल का नाम सामने न आये, ऐसा हो नहीं सकता। गेल ने आई.पी.एल. 2013 में पुणे वॉरियर्स के ख़िलाफ़ 17 गेंदों में 50 रन बनाये थे।

क्रिस मोरिस—आई.पी.एल. 2016 के सीजन में क्रिस मोरिस ने भी ऐसी ही एक ताबड़तोड़ पारी खेल कर तेज़तर्रार अर्धशतक जमाया था। दिल्ली की तरफ़ से खेलते हुए क्रिस मोरिस ने सिर्फ़ 17 गेंदों में अर्धशतक बनाया था।

किरोन पोलार्ड—सबसे तेज़ अर्धशतक मारने वालों की सूची में मुम्बई इण्डियंस के बल्लेबाज किरोन पोलार्ड भी हैं। पोलार्ड भी KKR के ख़िलाफ़ 17 गेंदों में 50 रन आई.पी.एल. 2016 में ठोंक चुके हैं।

सुनील नारायण—कोलकाता नाइट राइडर्स के स्टार स्पिनर सुनील नारायण के लिए आई.पी.एल. का 10वाँ सीजन बहुत ही यादगार बन गया। वह एक फिरकी गेंदबाज के रूप में जाने जाते हैं। 10वें सीजन में उन्होंने फिरकी की जगह बल्ले का जलवा दिखाया। 10वें सीजन में रिकॉर्ड बनने और टूटने का सिलसिला जारी रहा। खिलाड़ियों का जोश भी इसके साथ बढ़ता जा रहा था। RCB के ख़िलाफ़ बैटिंग करते हुए कोलकाता की टीम ने कई रिकॉर्ड बनाये जिसमें सबसे ख़ास रहा सुनील नारायण का अर्धशतक।

नारायण ने RCB के ख़िलाफ़ बैंगलोर में क्रिस गेल के साथ पारी की शुरुआत की और RCB के 159 रन के स्कोर को बौना साबित कर दिया। नारायण ने केवल 15 गेंदों में अर्धशतक जड़कर स्टेडियम में खलबली मचा दी। अपनी इस तूफ़ानी पारी में नारायण ने 6 चौके और 4 छक्के जड़े। अपनी इस ताबड़तोड़ पारी में नारायण ने कुल 17 बॉलों में 317.64 के स्ट्राइक रेट से 54 रन बना डाले। उन्होंने 50 रन 15 बॉल में 5 चौकों और 4 छक्कों की मदद से कुल 333.33 स्ट्राइक रेट के साथ बनाये।

यूसुफ पठान—पठान ने साल 2014 में सनराइजर्स हैदराबाद के ख़िलाफ़ ईडन गार्डन में 15 गेंद में अर्धशतक जड़ा था। 22 गेंदों पर 72 रन की पारी में पठान ने 7 चौके और 5 छक्के जड़े थे।

यूसुफ को पारी की पहली ही गेंद पर जीवनदान मिला था, जिसकी कीमत हैदराबाद को मैच गँवाकर चुकानी पड़ी। अपनी पहली पारी की पहली चार गेंदों पर सिंगल लेने के बाद यूसुफ ने मरवेज रसेल की गेंद पर अटैक करना शुरू किया। यूसुफ ने रसेल और डेल स्टेन की गेंद पर जोरदार शॉट्स खेले और छक्का जड़कर अपना अर्धशतक पूरा किया।

इससे पहले ये रिकॉर्ड गिलक्रिस्ट के नाम था। जिन्होंने 2009 में डेक्कन चार्जर्स हैदराबाद की ओर से खेलते हुए दिल्ली के ख़िलाफ़ 17 गेंदों पर 50 रन बनाये थे।

ये महान् बल्लेबाज सिर्फ़ सबसे तेज़ अर्धशतक ही नहीं सबसे तेज़ शतक के रिकॉर्ड भी अपने नाम किए हुए है। अब तक के 10 सालों के रिकॉर्ड में सबसे तेज़ शतक में यूसुफ पठान दूसरे स्थान पर कायम हैं।

सबसे अच्छी स्ट्राइक रेट 100 रन के साथ

वीरेन्द्र सहवाग—दिल्ली डेयरडेविल्स के 2008 के आईकोनिक खिलाड़ी और भारतीय टीम में रहे महान् बल्लेबाज वीरेन्द्र सहवाग को कौन नहीं जानता। एक ऐसे विस्फोटक बल्लेबाज जो टीम को विस्फोटक शुरुआत देने में माहिर थे। कोई भी बॉलर हो पर अगर ये खिलाड़ी क्रीज पर है तो सामने वाली टीम के छक्के इनके छक्कों के आगे छूट जाते थे। वीरेन्द्र सहवाग ने अपने आई.पी.एल. के करियर में वो कारनामा कर दिखाया है जो रिकॉर्ड अभी तक नहीं टूटा है। अपने कुल खेले 104 मैचों में उन्होंने 155.44 की स्ट्राइक रेट के साथ 2728 रन बनाये हैं, जिसमें उनका व्यक्तिगत अधिकतम स्कोर 129 रन भी शामिल है। सन् 2014 में किंग्स इलेवन पंजाब ने उन्हें (Auction) में खरीदा था।

सन् 2015 में क्रिकेट के सभी फॉर्मेट से रिटायरमेण्ट लेने के बाद इन्हें सन् 2016 के सीजन में मेंटर (गुरु) के रूप में अपॉइण्ट किया गया।

टूर्नामेंट के 10वें सीजन में उनको हेड ऑफ़ विकेट ऑपरेटिंग एंड स्ट्रेटेजी ऑफ़ किंग्स इलेवन पंजाब की तरफ़ से नियुक्त किया गया।

क्रिस गेल—क्रिस गेल क्रिकेट की दुनिया में बहुत ही ताबड़तोड़ बल्लेबाज के रूप में जाने जाते हैं। आई.पी.एल. के दूसरे सीजन 2009 में क्रिस गेल ने अपनी शुरुआत कलकत्ता नाइट राइडर्स के साथ की। वे के.के.आर. में 2009 और 2010 तक के सत्र में रहे। के.के.आर. ने चौथे संस्करण में अपने सभी खिलाड़ियों को रिटेन न करने का फ़ैसला किया। 2011 के संस्करण में इस बिग हिटर (Big Hitter) बल्लेबाज का किसी भी टीम द्वारा न ख़रीदना एक आश्चर्य रहा।

चौथे संस्करण के बीच में आर.सी.बी. खिलाड़ी डिर्क नैन्स की चोट के कारण क्रिस गेल के लिए आई.पी.एल. 4 के दरवाज़े खुले। उसके बाद वो आर.सी.बी. के बल्लेबाजी क्रम में एक महत्त्वपूर्ण बल्लेबाज साबित हुए। 2013 के सत्र में गेल ने 66 बॉल में 175 रन ठोंक कर एक नया कीर्तिमान स्थापित किया। ये कारनामा उन्होंने पुणे वारियर्स के ख़िलाफ़ किया। इसी 175 रनों की पारी में 30 बॉल में 100 रन का कारनामा भी क्रिस गेल ने किया।

महत्त्वपूर्ण बात ये है कि उन्होंने ये रन 153.28 की स्ट्राइक रेट से बनाये जो दस सालों के बाद आई.पी.एल. में दूसरे स्थान पर है।

स्ट्राइक रेट

ए.वी. डी विलियर्स—ए.वी. डीविलियर्स को क्रिकेट का सुपरमैन कहें तो ग़लत नहीं होगा। क्रिकेट के मैदान में ऐसा कुछ भी नहीं जो ये बल्लेबाज न कर सके। चाहे वो इनकी विस्फोटक बल्लेबाजी हो, विकेटकीपिंग की क़ाबिलियत हो या बिजली-सी तेज़ फील्डिंग हो। ये एक ऐसे खिलाड़ी हैं जिनको हर फ्रेंचाइज़ी अपने पास रखना चाहेगी।

आई.पी.एल. के पहले तीन संस्करणों में साउथ अफ्रीका का यह खिलाड़ी दिल्ली डेयरडेविल्स की बल्लेबाजी यूनिट का महत्त्वपूर्ण हिस्सा था।

सन् 2011 में रॉयल चैलेंजर बैंगलोर ने इस खिलाड़ी को 1.1 मिलियन अमेरिकी डॉलर में प्लेयर ऑक्शन (Player Auction) में टीम का सदस्य बनाया।

अपनी लगातार अच्छे प्रदर्शन के साथ इस खिलाड़ी ने आई.पी.एल. में 3257 रन कुल 120 मैच में 149.33 की स्ट्राइक रेट से बनाये हैं। जिसमें 2015 में उनका शानदार प्रदर्शन 133 रन 59 बॉल में रहा।

गेंदबाजी कीर्तिमान

(राजस्थान रॉयल)

1. सोहेल तनवीर 6/14 बनाम चेन्नई सुपर किंग्स 2008—आई.पी.एल. का पहला मैच और अब तक के 10 सालों का बेस्ट बॉलिंग स्कोर। सोहेल तनवीर ने आई.पी.एल. के मुहूर्त मैच में एक ऐसा कारनामा कर दिखाया जो दस वर्षों के आई.पी.एल. के इतिहास में आज तक नहीं हुआ। अपनी स्विंग कराती बॉलों से इस गेंदबाज ने शुरू के पॉवर प्ले में ही चेन्नई सुपर किंग्स के शुरुआती 3 विकेट झटक कर मैच में रोमांच खड़ा कर दिया। तनवीर ने विकेटों की झड़ी लगाकर चेन्नई को जबरदस्त झटका दिया। उन्होंने 6/14 का अब तक का बेस्ट बॉलिंग फिगर दिया। इस सीरीज़ में उन्हें पर्पल कैप से भी नवाजा गया।

2. एडम जम्पा राइजिंग पुणे सुपरजायंट्स 6/19 बनाम सनराइजर्स हैदराबाद-2016—2016 के नौवें आई.पी.एल. सीजन में ऑस्ट्रेलियन लेग स्पिनर एडम जम्पा ने आई.पी.एल. के इतिहास में दूसरा सर्वश्रेष्ठ गेंदबाजी का कारनामा कर डाला।

उन्होंने इस खूबसूरत मैच में राइजिंग पुणे सुपरजसायंट्स की तरफ़ से खेलते हुए सनराइजर्स हैदराबाद के ख़िलाफ़ विकेटों की झड़ी लगा दी। उन्होंने न सिर्फ़ बल्लेबाजों को पवैलियन भेजना शुरू किया, बल्कि किसी को भी खुलकर रन बनाने का मौक़ा नहीं दिया। एडम जम्पा ने दिखा दिया कि कलाई के जादूगर स्पिनर (Wrist Spinner) किसी भी विपक्षी टीम के लिए एक बहुत बड़ी चुनौती साबित हो सकता है। जम्पा को इस मैच में मैन ऑफ़ द मैच के खिताब से नवाजा गया।

3. अनिल कुंबले रॉयल चैलेंजर बैंगलोर (साउथ अफ्रीका बैंगलोर) 5/5 बनाम राजस्थान रॉयल्स – 2009—अनिल कुंबले एक महान भारतीय लेग स्पिनर हैं। आई.पी.एल. का दूसरा सीजन जो भारत के बाहर साउथ अफ्रीका में हुआ। इस दूसरे सीजन में न्यूलैंड ऑफ़ केपटाउन में इस महान खिलाड़ी (जिनको **जम्बो** के नाम से भी जाना जाता है) ने एक बहुत ही जिम्मेदारी वाला गेंदबाजी स्पेल किया।

जब राजस्थान रॉयल्स शुरुआती झटकों के बाद भी बहुत अच्छे तरीके से मैच को आगे ले जा रही थी तब जम्बो ने एक जादू भरी गेंदबाजी दिखायी, उन्होंने 3 ओवर में 5 रन पर 5 विकेट लिये।

हम बताना चाहेंगे कि जम्बो ने कुल 24 बॉल की अपनी गेंदबाजी स्पेल को एक करिश्माई गेंदबाजी में बदल दिया।

उन्होंने राजस्थान रॉयल्स की बल्लेबाजी को चरमराकर रख दिया। 47/5 से राजस्थान रॉयल्स 58 पर ऑल आउट हो गयी।

बल्लेबाज कीर्तिमान

दस वर्षों में

अधिकतम छक्के (Most Sixes)

1. क्रिस गेल — 265 छक्के
2. सुरेश रैना — 173 छक्के
3. रोहित शर्मा — 172 छक्के

अधिकतम स्कोर (Highest Score)

1. क्रिस गेल	175* (अविजित)
2. ब्रेडन मैकुलम	158* (अविजित)
3. ए.बी. डी विलियर्स	133* (अविजित)

सबसे अच्छा बल्लेबाजी रन औसत

1. आन्द्रे रसेल (कोलकाता नाइट राइडर्स)	173.41
2. क्रिस मोरिस (दिल्ली डेयरडेविल्स)	165.66
3. ग्लेन मैक्सवेल (किंग्स इलेवन पंजाब)	164.39

क्रिस गेल (100 of 30 Ball)—जमैका के एक बहुत ही महत्त्वपूर्ण खिलाड़ी क्रिस गेल आई.पी.एल. में एक तूफ़ानी बल्लेबाजी के रूप में प्रसिद्ध हुए। वे बहुत ही घातक बल्लेबाजी करते हुए विरोधी टीम के छक्के छुड़ाने के लिए जाने जाते हैं।

सबसे ज़्यादा मैच जीतने वाली टीम (आई.पी.एल. के एक दशक में)

आई.पी.एल. इतिहास में सबसे ज़्यादा मैच जीतने वाली टीम **मुम्बई इण्डियंस** है। आई.पी.एल. के दसवें सीजन में कुछ नये रिकॉर्ड बने। यहाँ हम पाठकों को बताना चाहेंगे कि एक दशक के पूरा होने के बाद कुछ नये खिलाड़ी स्थापित हुए हैं। सन् 2017 में मुम्बई इण्डियंस ने अपने 16वें मैच में गुजरात लॉयन्स को छह विकेट से हरा दिया और इस जीत के साथ ही रोहित शर्मा की कप्तानी वाली टीम मुम्बई इण्डियंस एक बड़े रिकॉर्ड में शामिल हो गयी। मुम्बई इण्डियन्स टी-20 क्रिकेट के इतिहास में सबसे ज़्यादा 95 जीत दर्ज करने वाली पहली टीम बन गयी। बतौर टीम इतने मुक़ाबले अब से पहले किसी भी टीम ने नहीं जीते। मुम्बई इण्डियन्स ने अपनी इस जीत को अंजाम दिया गया मुम्बई के वानखेडे स्टेडियम में।

मुम्बई की टीम ने चेन्नई सुपर किंग्स के 94 मैचों के रिकॉर्ड को पीछे छोड़ दिया। चेन्नई की टीम ने कुल 156 मैचों में 94वीं जीत दर्ज की थी। जबकि मुम्बई की टीम ने 167 मैचों में 95वीं जीत दर्ज की।

सबसे ज़्यादा हारने वाली टीम (आई.पी.एल. के एक दशक में)—यूँ तो खेल में हार और जीत होती ही रहती है। एक को जीतना और एक को हारना है। असल में दर्शकों का मनोरंजन करना ही सबसे महत्त्वपूर्ण होता है। आई.पी.एल. के दस साल के इतिहास में अब तक सबसे ज़्यादा मैच हारने वाली टीम है **दिल्ली डेयरडेविल्स**। कुल 161 मैच खेले 10 सालों में दिल्ली डेयरडेविल्स ने और जीत मिली कुल 69 मैचों में। एक मैच टाई रहा और 2 मैचों का कोई रिजल्ट नहीं निकला। दिल्ली डेयरडेविल्स दस वर्षों में कुल 89 मैच हार गया।

आई.पी.एल. में सबसे बड़ा मैच स्कोर (एक पारी में सबसे ज़्यादा स्कोर)—23 अप्रैल, 2013 रॉयल चैलेंजर्स ने एक नया कीर्तिमान स्थापित किया। कुल रन रेट 13.15/ओवर के हिसाब से आर.सी.बी. (RCB) ने **पुणे** वारियर्स के ख़िलाफ़ पहली पारी में 263 रन बनाकर सबको हैरान कर दिया। ये 263 रन कुल 5 विकेट खोकर बनाये गये।

सबसे बड़ी पीछा करते हुए जीत—आई.पी.एल. के पहले साल में रनों का पीछा करते हुए यादगार जीत दर्ज है राजस्थान रॉयल्स के नाम। राजस्थान रॉयल्स ने 214 रनों का स्कोर 217/7 कुल 19.5 ओवर में पूरा कर लिया। ये जीत 24 अप्रैल, 2008 को विरोधी टीम डेक्कन चार्जर्स के मुक़ाबले में दर्ज की गयी।

राजस्थान रॉयल्स की इस जीत के हीरो रहे शेन वार्न। बहुत ही रोचक मुकाबला रहा था ये।

टीम का एक पारी में न्यूनतम स्कोर—रॉयल चैलेंजर्स बैंगलोर द्वारा अब तक के आई.पी.एल. के दस सालों में सबसे कम स्कोर दर्ज किया गया। आई.पी.एल. सीजन 2017 में आर.सी.बी. ने 49 रन बनाकर राजस्थान रॉयल्स के 58 रन के न्यूनतम स्कोर को पीछे छोड़ दिया जो केपटाउन में आई.पी.एल. सीजन 2 में 2009 में आर.सी.बी. के विरुद्ध ही बनाये गये थे। आर.सी.बी. का यह हाई वोल्टेज आई.पी.एल. मैच ईडन गार्डन कोलकाता में खेला गया। इसमें कोलकाता द्वारा आर.सी.बी. को 131 का लक्ष्य दिया गया। आर.सी.बी. का एक भी बल्लेबाज अपने डबल फिगर तक नहीं पहुँच पाया। जिसमें केदार जाधव का अधिकतम स्कोर 9 रन।

नाथन कॉल्टर (3/21), क्रिस वाउकेस (3/6) और कॉलिन्द ग्राण्डहूम (3/4) की शानदार गेंदबाजी की बदौलत के.के.आर. ने ये जीत 82 रनों से दर्ज की। यह एक उच्चस्तरीय आई.पी.एल. मैच था।

आई.पी.एल. के इतिहास में सबसे महँगे खिलाड़ी
(Most Expensive Players in IPL History 2008 to 2017)

क्रम	खिलाड़ी	कीमत	टीम
1.	एम.एस. धोनी	$ 1.50 मिलियन	चेन्नई सुपरकिंग्स 2008
2.	एडम फ्लिन्टॉफ	$ 1.55 मिलियन	चेन्नई सुपरकिंग्स 2009
3.	गौतम गम्भीर	$ 2.4 मिलियन	कोलकाता नाइट राइडर्स 2011
4.	यूसुफ पठान	$ 2.1 मिलियन	कोलकाता नाइट राइडर्स 2011
5.	रॉबिन उथप्पा	$ 2.1 मिलियन	पुणे वारियर्स 2011
6.	रोहित शर्मा	$ 2 मिलियन	मुम्बई इण्डियंस 2011
7.	इरफान पठान	$ 1.9 मिलियन	दिल्ली डेयरडेविल्स 2011
8.	रवीन्द्र जडेजा	$ 2 मिलियन	चेन्नई सुपरकिंग्स 2012
9.	ग्लेन मैक्सवेल	$ 1 मिलियन	मुम्बई इण्डियंस 2013
10.	दिनेश कार्तिक	$ 2.08 मिलियन	दिल्ली डेयरडेविल्स 2014
11.	केविन पीटरसन	$ 1.55 मिलियन	दिल्ली डेयरडेविल्स 2014
12.	युवराज सिंह	$ 2.33 मिलियन	रॉयल चैलेंजर्स बैंगलोर 2014
13.	युवराज सिंह	$ 2.67 मिलियन	दिल्ली डेयरडेविल्स 2015
14.	दिनेश कार्तिक	$ 1.7 मिलियन	रॉयल चैलेंजर्स बैंगलोर 2015
15.	सौरभ तिवारी	$ 1.6 मिलियन	रॉयल चैलेंजर्स बैंगलोर 2015
16.	बेन स्टोक्स	$ 2.16 मिलियन	पुणे सुपरजायंट्स 2017

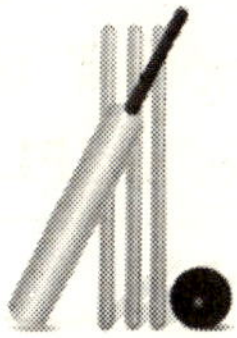

आई.पी.एल. ऑक्शन में 2008 से 2017 तक सबसे अधिक धन कमाने वाले खिलाड़ी

इण्डियन प्रीमियर लीग विश्व का सबसे बड़ा टी-20 क्रिकेट टूर्नामेंट है। 2008 में 8 टीमों के मध्य यह खेल शुरू हुआ था। इस खेल में प्रत्येक वर्ष आई.पी.एल. फ्रेंचाइज़ी के मालिकों द्वारा बोली लगायी जाती है और इसके द्वारा फ्रेंचाइज़ी अग्रिम सीजन के लिए खिलाड़ी चुनते हैं।

अब हम उन खिलाड़ियों पर नज़र डालेंगे जिन्हें बोली में सबसे अधिक धनराशि प्राप्त हुई।

आई.पी.एल. के सबसे महँगे खिलाड़ी

2008-महेन्द्र सिंह धोनी (1.5 मिलियन डॉलर)-चेन्नई सुपर किंग्स टीम ने प्रथम आई.पी.एल. बोली में महेन्द्र सिंह धोनी को 1.5 मिलियन डॉलर में रिटेन किया था। इस बोली में महेन्द्र सिंह धोनी सबसे महँगे खिलाड़ी थे। धोनी की कप्तानी में चेन्नई ने दो आई.पी.एल. सीजन जीते। परन्तु 2015 में सी.एस.के. पर प्रतिबन्ध लगा दिया गया।

2009-एंड्रयू फ्लिंटन (1.55 मिलियन डॉलर)-इंगलैंड के पूर्व ऑलराउण्डर एंड्रयू फ्लिंटन द्वितीय आई.पी.एल. बोली के सबसे महँगे खिलाड़ी थे। चेन्नई सुपर किंग्स ने उन्हें 1.55 मिलियन डॉलर में रिटेन किया।

इस प्रकार वे दोनों आई.पी.एल. सत्र के सबसे अधिक धनराशि पाने वाले खिलाड़ी थे।

2010-शेन बॉण्ड एवं किरोन पोलार्ड (प्रत्येक 7,50,000 अमेरिकी डॉलर)-न्यूज़ीलैंड के तेज़ गेंदबाज शेन बॉण्ड एवं वेस्टइण्डीज के ऑलराउण्डर किरोन पोलार्ड सन् 2010 के आई.पी.एल. की सुर्खियों में थे। ये दोनों खिलाड़ी बतौर थर्ड प्लेयर सबसे अधिक महँगे साबित हुए। बॉण्ड के.के.आर. के साथ गये जबकि पोलार्ड मुम्बई इण्डियंस स्क्वाड के साथ।

2011–गौतम गम्भीर (2.4 मिलियन डॉलर)–2007 में वर्ल्ड टी–20 विजेता टीम के ओपनर गौतम गम्भीर आई.पी.एल.–4 की बोली के सबसे महँगे खिलाड़ी थे। के.के.आर. ने गौतम गम्भीर को 2.4 मिलियन डॉलर में रिटेन किया था। 2011 में गम्भीर की कप्तानी में टीम ठीक से नहीं खेल पायीं, परन्तु 2012 और 2014 में टीम टूर्नामेंट की चैम्पियन बनी।

2012–रवीन्द्र जडेजा (2 मिलियन डॉलर) 2012 की आई.पी.एल. बोली में ऑलराउण्डर रवीन्द्र जडेजा ने सबको आश्चर्य में डाल दिया था। चेन्नई सुपर किंग्स ने उनको 2 मिलियन डॉलर में रिटेन किया था। उन्होंने सी.एस.के. फ्रेंचाइज़ी के लिए खेलते हुए अपनी ऑलराउण्डर की परफॉर्मेंस से सबको आश्चर्यचकित कर दिया था।

2013–ग्लेन मैक्सवेल (1 मिलियन डॉलर)–ऑस्ट्रेलिया के ऑलराउण्डर ग्लेन मैक्सवेल 2013 की आई.पी.एल. बोली के सबसे महँगे खिलाड़ी थे। मुम्बई इण्डियंस ने ग्लेन मैक्सवेल को खिलाड़ियों की बोली में 1 मिलियन डॉलर में रिटेन किया था।

2014–युवराज सिंह (2.33 मिलियन डॉलर)–2011 वर्ल्ड कप के भारतीय हीरो युवराज सिंह आई.पी.एल. के इतिहास में सबसे महँगे खिलाड़ी थे। आर.सी.बी. ने उनको 2014 आई.पी.एल. बोली में 2.33 मिलियन डॉलर में रिटेन किया था। इसके बावजूद युवी आशानुकूल परफॉर्म नहीं कर पाये फलतः आर.सी.बी. ने उन्हें इस सीजन के बाद छोड़ दिया।

2015–युवराज सिंह (2.67 मिलियन डॉलर)–युवराज सिंह लगातार दूसरी बार भी आई.पी.एल. 2015 के सबसे महँगे खिलाड़ी साबित हुए। दिल्ली डेयरडेविल्स ने खिलाड़ियों की बोली में उन्हें 16 करोड़ रुपये में रिटेन किया। किन्तु युवराज आशा के अनुकूल न खेल पाये। पूरे आई.पी.एल. सीजन में उन्होंने मात्र 57 रन ही बनाये। इसके फलस्वरूप डीडी ने उन्हें अगले सीजन में स्थान नहीं दिया।

2016–शेन वाटसन (1.5 मिलियन डॉलर)–ऑस्ट्रेलिया के ऑलराउण्डर शेन वाटसन को 1.5 मिलियन डॉलर में रिटेन किया गया। आई.पी.एल. 2016 की खिलाड़ियों की बोली में वे आर.सी.बी. द्वारा चयनित सबसे महँगे क्रिकेटर थे।

2017–बेन स्टोक्स (2.16 मिलियन डॉलर)–अंग्रेज़ गेंदबाज ऑलराउण्डर बेन स्टोक्स आई.पी.एल. बोली के दसवें संस्करण के सबसे महँगे खिलाड़ी थे। राइजिंग सुपरजायंट्स ने स्टोक्स को 14.5 करोड़ रुपये में रिटेन किया था।

आई.पी.एल. 2008 से 2017 तक सबसे ज़्यादा सैलेरी पाने वाले खिलाड़ी

सन्	खिलाड़ी	टीम	सैलेरी
2008	एम.एस. धोनी	चेन्नई सुपर किंग्स	$ 1,500,000
2009	ए. फ्लिन्टॉफ	चेन्नई सुपर किंग्स	$ 1,550,000
2010	के.पी. पीटरसन	रॉयल चैलेंजर्स बैंगलोर	$ 1,550,000
2011	जी. गम्भीर	कोलकाता नाइटराइडर्स	$ 2,400,000
2012	जी. गम्भीर	कोलकाता नाइटराइडर्स	$ 2,400,000
2013	एम.एस. धोनी	चेन्नई सुपर किंग्स	$ 3,00,000
2014	विराट कोहली	रॉयल चैलेंजर्स बैंगलोर	$ 2500,000
2015	युवराजसिंह	दिल्ली डेयरडेविल्स	$ 2,666,667
2016	विराट कोहली	रॉयल चैलेंजर्स बैंगलोर	$ 2500,000
2017	विराट कोहली	रॉयल चैलेंजर्स बैंगलोर	$ 2,500,000

विस्तार और समाप्ति (नयी टीमों की स्थापना) अस्थायी टीमें

21 मार्च, 2010 को की गयी घोषणा के अनुसार दो नयी फ्रेंचाइजी–पुणे वारियर्स इण्डिया और कोच्चि टस्कर्स केरल–2011 के आई.पी.एल. संस्करण में शामिल की गईं।

कोच्चि फ्रेंचाइजी को रांदेवू स्पोर्ट्स वर्ल्ड द्वारा 333.3 मिलियन डॉलर और पुणे फ्रेंचाइजी को सहारा एडवेंचर स्पोर्ट्स ग्रुप द्वारा 370 मिलियन डॉलर में खरीदा गया।

2009 के चैम्पियन डेक्कन चार्जर्स को 14 सितम्बर, 2012 में नयी टीम खोजने का बी.सी.सी.आई. द्वारा आदेश दिया गया जो 25 अक्टूबर को एक नीलामी द्वारा सन टी.वी. नेटवर्क हैदराबाद द्वारा बोली के साथ खरीद ली गयी। टीम का नाम सनराइजर्स हैदराबाद रखा गया।

14 जून, 2015 को घोषणा की गयी कि दो बार के चैम्पियन चेन्नई सुपरकिंग्स और उद्घाटन सत्र 2008 के चैम्पियन राजस्थान रॉयल्स दो सत्रों के लिए (2016–2017) निलम्बित किये गये। कारण मैच फिक्सिंग और सट्टेबाजी था। 8 दिसम्बर, 2015 नीलामी के बाद पुणे और गुजरात ने चेन्नई और राजस्थान का स्थान लिया।

भारतीय क्रिकेट खिलाड़ियों की सैलेरी—आई.पी.एल. जैसे टूर्नामेंट में खेलने के लिए भारतीय खिलाड़ी को एक अच्छी-ख़ासी रकम सैलेरी के रूप में मिलती है। जैसा विदित है कि आई.पी.एल. जैसे टूर्नामेंट में खेलने के लिए भारतीय खिलाड़ी को करोड़ों रुपये मिलते हैं।

जैसा आप और हम जानते हैं कि भारतवर्ष में क्रिकेट को लेकर जो दीवानगी और उत्साह देखने को मिलता है, वैसा किसी और खेल में देखने को नहीं मिलता है। इसका कारण है कि क्रिकेट के बराबर प्रचार और प्रसार किसी और खेल में नहीं किया जाता है। यही कारण है कि हर भारतीय युवा क्रिकेटर भारतीय टीम में अपना स्थान बनाने के लिए बहुत मेहनत करता है और टीम इण्डिया में अपना स्थान बनाने को बहुत ही लालायित रहता है।

आज हम आपको बतायेंगे कि बी.सी.सी.आई. (भारतीय क्रिकेट कण्ट्रोल बोर्ड) की तरफ़ से हर भारतीय खिलाड़ी को सैलेरी के रूप में कितनी रकम दी जाती है। हाल ही में बी.सी.सी.आई. ने अपने कांट्रेक्ट में कुछ बदलाव किया है और हमारे पास उपलब्ध जानकारी 2016/17 कांट्रेक्ट के तहत है जो कि बदलाव के बाद की है।

यहाँ हम बता दें कि बी.सी.सी.आई. खिलाड़ियों को तीन ग्रेड में बाँटती है या हम कहें ये खिलाड़ियों को तीन ग्रेड देती है।

ग्रेड ए—ग्रेड ए में जो खिलाड़ी आते हैं बी.सी.सी.आई. उन खिलाड़ियों को 2 करोड़ रु. सालाना सैलेरी के तौर पर देती है। इसके साथ ही खिलाड़ियों को एक टेस्ट मैच के 15 लाख, एक वनडे के 6 लाख, और एक T-20 मैच खेलने के 3 लाख की राशि बी.सी.सी.आई. द्वारा दी जाती है।

अभी की रेटिंग के अनुसार ग्रेड ए में स्थान पाने वाले कुछ खिलाड़ियों के नाम इस प्रकार हैं—

महेन्द्र सिंह धोनी, अजिंक्य रहाणे, रवीन्द्र जडेजा, रविचन्द्रन अश्विन, चेतेश्वर पुजारा, वृद्धिमान साहा और मुरली विजय को मिलाकर कुल 7 खिलाड़ी हैं।

नोट—ये जानकारी (नव. 15, 2017 जनसत्ता) 2016-2017 के आँकड़ों के आधार पर है। खिलाड़ी की ग्रेड उनकी परफॉर्मेंस के अनुसार बदल भी सकती है।

ग्रेड बी में आने वाले खिलाड़ियों को सैलेरी के रूप में 1 करोड़ रु. की सालाना सैलेरी बी.सी.सी.आई. देती है। इनके अलावा एक टेस्ट मैच खेलने के

लिए 6 लाख व वनडे खेलने के लिए 6 लाख और एक T-20 मैच खेलने के लिए 3 लाख की राशि प्रदान की जाती है।

बी.सी.सी.आई. ने ग्रेड बी में कुल 9 खिलाड़ियों को रखा है। इन खिलाड़ियों में—रोहित शर्मा, के.एल. राहुल, भुवनेश्वर कुमार, मोहम्मद शमी, इशांत शर्मा, उमेश यादव, रिद्धिमान साहा, जसप्रीत बुमराह, युवराज सिंह शामिल हैं।

ग्रेड सी—इसी तरह ग्रेड सी में आने वाले खिलाड़ियों को बी.सी.सी.आई. सैलेरी के तौर पर 50 लाख रु. की सैलेरी एक साल में देती है। मैच खेलने के लिए इन खिलाड़ियों को बी ग्रेड के खिलाड़ियों के बराबर ही पैसे मिलते हैं। इस सूची में कुल 16 खिलाड़ी हैं। जिसमें शिखर धवन, अंबाती रायडू, अमित मिश्रा, मनीष पाण्डे, अक्षर पटेल, करुण नायर, हार्दिक पाण्ड्या, आशीष नेहरा (जिन्होंने अब संन्यास ले लिया है), केदार जाधव, युजवेन्द्र चहल, पार्थिव पटेल, जयन्त यादव, मंदीप सिंह, धवल कुलकर्णी, शार्दुल ठाकुर एवं ऋषभ पन्त हैं।

बोनस—इनके अलावा यदि कोई खिलाड़ी वनडे या टेस्ट क्रिकेट मैच में शतक बनाता है तो वह 5 लाख रु. बी.सी.सी.आई. द्वारा बोनस के तौर पर प्राप्त करता है। इस पर ग्रेड नियम लागू नहीं होता। टेस्ट क्रिकेट में दोहरा शतक बनाने पर 7 लाख रु., 5 विकेट चटकाने पर 5 लाख रुपये और यदि कोई खिलाड़ी टेस्ट क्रिकेट में 10 विकेट चटका लेता है तो उसको इनाम के तौर पर 7 लाख रु. बी.सी.सी.आई. द्वारा प्रदान किये जाते हैं।

परफॉर्मेंस बोनस—बी.सी.सी.आई. द्वारा खिलाड़ी के प्रदर्शन के अनुसार पुरस्कार भी दिया जाता है। जिसमें अगर कोई खिलाड़ी शीर्ष तीन टीमों के ख़िलाफ़ अर्धशतक या शतक लगाता है तो उसे सैलेरी में 30 से 60 प्रतिशत तक बढ़ोतरी दी जाती है।

(यहाँ हम T-20 के अलावा टेस्ट और वनडे की सैलेरी भी प्रकाशित कर रहे हैं।)

विज्ञापन द्वारा कमाया हुआ पैसा खिलाड़ियों का अलग आय स्रोत होता है।

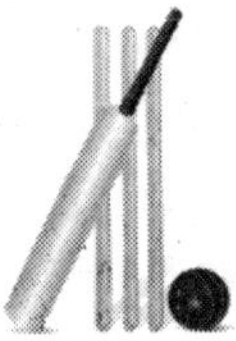

आई.पी.एल. की ब्रांड वैल्यू और चर्चित पुरस्कार

आई.पी.एल. की ब्रांड वैल्यू—ग्लोबल वैल्यूएशन एण्ड कॉरपोरेशन फाइनेन्स एडवाइजर फेल्प्स एण्ड फेल्कस ने ये आकलन किया है कि आई.पी.एल. के दस साल पूरे होने के बाद इसके दर्शकों की संख्या में इज़ाफ़ा हुआ है, और यह टूर्नामेंट अधिकांश समय विवादों से दूर रहा है। आई.पी.एल. की ब्रांड वैल्यू 10वें टूर्नामेंट के बाद बढ़कर पाँच अरब तीस करोड़ डॉलर यानी 34 हजार करोड़ रु. हो गयी है।

डफ एण्ड फेल्प्स ने अपनी रिपोर्ट में कहा है कि व्यवसाय के रूप में आई.पी.एल. की कुल कीमत 2016 में चार अरब तीस करोड़ डॉलर की तुलना में 2017 में बढ़कर पाँच अरब तीस करोड़ डॉलर हो गयी है। जिसमें 3 साल का 13.9 प्रतिशत सी.ए.जी.आर. भी शामिल है।

डफ एण्ड फेल्प्स इण्डिया के प्रबन्ध निदेशक तरुण गुप्ता ने कहा कि सन् 2017 का आई.पी.एल. टूर्नामेंट काफ़ी हद तक विवादों से मुक्त रहा और सभी सही कारणों से इसने सुर्खियाँ बटोरी हैं। सोशल मीडिया से जुड़ाव में इज़ाफ़ा हुआ है। रणनीति और मैदान पर प्रदर्शन में बेहतर सुधार हुआ है।

उपर्युक्त इन सभी कारणों से आई.पी.एल. इस समय दुनिया में सबसे अधिक कीमत वाली क्रिकेट लीग के रूप में स्थापित होकर बहुत मज़बूत स्थिति में आ गया है।

विशेष बात यह है कि टीमों में आई.पी.एल. 2017 का खिताब जीतने वाली मुकेश अम्बानी की टीम मुम्बई इण्डियंस 10 करोड़, 60 लाख डॉलर की ब्राण्ड कीमत के साथ शीर्ष पर है।

कोलकाता नाइट राइडर्स नौ करोड़, 90 लाख डॉलर के साथ दूसरे स्थान पर और रॉयल चैलेंजर्स बैंगलोर आठ करोड़, 80 लाख डॉलर के साथ तीसरे स्थान पर है।

फेसबुक, ट्विटर, अमेजन, याहू, रिलायंस जियो, स्टार इण्डिया, सोनी पिक्चर्स, डिस्कवरी, स्काई, ब्रिटिश टेलीकॉम और ईएसपीएन डिजिटल मीडिया जैसे बड़े नामों ने अगले आने वाले 5 सालों के अधिकार के लिए बोली लगाई है।

लेकिन इसका अगले दस वर्षों का टेलीविज़न प्रसारण अधिकार मिला स्टार इण्डिया को। स्टार इण्डिया ने 16,347.50 करोड़ रुपये में अगले आने वाले पाँच वर्षों के लिए आई.पी.एल. डिजिटल और टेलीविज़न प्रसारण अधिकार खरीद लिए हैं। इस बोली के साथ सन् 2018 से सन् 2022 तक का आई.पी.एल. प्रसारण का अधिकार स्टार इण्डिया के पास रहेगा।

इस अधिकार को हासिल करने के लिए शुरुआत में कुल 24 कंपनियों ने अपना पंजीकरण करवाया था, जिसमें ऊपर दिये गये बड़े नाम शामिल थे।

इस अधिकार बोली के साथ बी.सी.सी.आई. को आई.पी.एल. के एक मैच से 55 करोड़ रुपये का फायदा होगा। जबकि एक अन्तरराष्ट्रीय मैच से बी.सी.सी.आई. को करीब 43 करोड़ रुपये का फायदा होता है।

हम पाठकों को बताना चाहेंगे कि स्टार इण्डिया के चेयरमैन उदयशंकर भारतवर्ष में इस खेल के विकास के प्रति अधिक प्रतिबद्ध रहने का संकल्प कर चुके हैं। उदयशंकर के शब्दों में आई.पी.एल. एक शक्तिशाली सम्पत्ति है और डिजिटल और टीवी के स्तर पर इस टूर्नामेंट के मूल्यों को प्रशंसकों के बीच और अधिक रूप से बढ़ाया जा सकता है।

स्टार इण्डिया के लिए मिले इन अधिकारों में मोबाइल इण्टरनेट और डिजिटल अधिकार शामिल हैं। डिजिटल स्तर पर दर्शक आई.पी.एल. के मैचों को देखने के लिए हॉट स्टार एप का इस्तेमाल करते हैं।

सभी पाठकों के लिए इससे पहले के दस वर्षों के मीडिया अधिकार के बारे में कुछ और जानकारी प्रस्तुत है :

सन् 2017 तक सोनी नेटवर्क के पास प्रसारण अधिकार थे। सन् 2009 में सोनी चैनल ने आई.पी.एल. के प्रसारण अधिकारों को 1.63 अरब डॉलर में नौ साल के लिए वर्ल्ड स्पोर्ट्स ग्रुप से खरीदा था।

बहुत ही प्रमुख बात ये रही कि वर्ल्ड स्पोर्ट्स ग्रुप (World Sports Group) ने बी.सी.सी.आई. से दस वर्ष के लिए आई.पी.एल. के प्रसारण अधिकार हासिल किये थे। ललित मोदी द्वारा जो मल्टी मिलियन डॉलर कैम्पेन रखा था वो था, मीडिया के साथ समझौता होना। 15 बिलियन यू एस डॉलर के आधिकारिक समझौते के साथ सोनी एण्टरटेनमेंट टेलीविज़न और वर्ल्ड स्पोर्ट्स ग्रुप ने आई.पी.एल. के अधिकार खरीद लिए।

क्या है वर्ल्ड स्पोर्ट्स ग्रुप—वर्ल्ड स्पोर्ट्स ग्रुप एशिया की एक स्पोर्ट्स मार्केटिंग, इवेंट मैनेजमेंट और एक मीडिया कम्पनी है जिसका हैडक्वार्टर सिंगापुर में स्थित है। जिसकी स्थापना सन् 1992 में हांगकांग में एएफसी मार्केटिंग के रूप में सीमस ओ ब्रायन द्वारा की गयी।

भारतीय क्रिकेट के इतिहास में सन् 2008 के आई.पी.एल. के टेलीविज़न अधिकार एक बहुत बड़ी डील साबित हुई।

सोनी टेलीविज़न नेटवर्क और वर्ल्ड स्पोर्ट्स ग्रुप ने (WSG) आई.पी.एल. के मीडिया अधिकार दस वर्ष के लिए हासिल किये। जिसकी क़ीमत थी अधिकतम 1 बिलियन अमेरिकी डॉलर।

इस समझौते के अनुसार ये ग्रुप बी.सी.सी.आई. को 908 मिलियन अमेरिकी डॉलर टेलीकास्ट राइट के देगा और 108 मिलियन अमेरिका डॉलर इस आई.पी.एल. टूर्नामेंट के प्रमोशन के तौर पर ख़र्च होगा।

उस समय के बी.सी.सी.आई अध्यक्ष और आई.पी.एल. कमिश्नर ललित मोदी के अनुसार आई.पी.एल. और भारतीय क्रिकेट प्रेमियों के लिए बेस्ट डील थी।

सोनी एंटरटेनमेण्ट टेलीविज़न इण्डिया के सी.ई.ओ. कुणाल दास गुप्ता के अनुसार वर्ल्ड स्पोर्ट्स ग्रुप अन्तरराष्ट्रीय बाजार में प्रसार करेगी और सोनी उपमहाद्वीप में काम करेगी।

चर्चित विवाद

आई.पी.एल. के चर्चित विवाद—विराट-गम्भीर, गेल-पोलार्ड, भज्जी-श्रीसंत जैसे दिग्गजों के विवाद। इनके कुछ विवादों के बारे में थोड़ा-बहुत बताते हैं।

हरभजन का श्रीसंत को थप्पड़ मारना सबसे चर्चित विवाद—आई.पी.एल. में अब तक का सबसे चर्चित विवाद हरभजन सिंह और श्रीसंत के बीच हुआ, जो आई.पी.एल. के पहले सीजन में ही घटित हुआ था। किंग्स इलेवन पंजाब और मुम्बई इण्डियंस के बीच हुए इस मैच में हरभजन जहाँ मुम्बई और श्रीसंत पंजाब की ओर से थे। ऐसा कुछ घटित हुआ कि हरभजन ने श्रीसंत को थप्पड़ मार दिया था और मैदान पर श्रीसंत के रोने की फोटो इण्टरनेट पर वायरल हो गयी थी। बाद में हरभजन पर 11 मैचों का बैन भी लगा था।

पोमर्शबैक पर छेड़खानी का आरोप—आई.पी.एल.-5 के दौरान एक विदेशी महिला द्वारा रॉयल चैलेंजर्स बैंगलोर के खिलाड़ी ल्यूक पोमर्शबैक पर

छेड़खानी का आरोप लगाया गया था। इतना ही नहीं, उन्हें गिरफ्तार भी कर लिया गया था, बाद में उन्हें जमानत तो मिल गयी थी किन्तु इस पर काफ़ी बवाल भी मचा था।

तीन खिलाड़ियों पर फिक्सिंग का आरोप—आई.पी.एल.-6 जो 2013 में हुआ था, उसमें स्पॉट फिक्सिंग की सुर्खियों में नाम आने की वजह से श्रीसंत, अंकित चव्हाण और अजीत चंडीला को दिल्ली पुलिस ने गिरफ्तार भी किया था। तभी से इन खिलाड़ियों के आजीवन क्रिकेट खेलने पर प्रतिबन्ध लगा हुआ है।

विराट कोहली और गौतम गम्भीर में बहस—2013 में आई.पी. एल.-6 के दौरान RCB के कप्तान विराट कोहली और कोलकाता नाइट राइडर्स के कप्तान गौतम गम्भीर के बीच मैदान पर जमकर बहस हुई थी। सारा मामला शुरू हुआ विराट कोहली के आउट होकर पैवेलियन वापस जाते हुए गम्भीर से कुछ कहा-सुनी होने के बाद, जिसे बाद में साथी खिलाड़ी और अंपायरों ने बीच-बचाव करके शान्त करवाया।

जब विराट मिलने पहुँच गये अनुष्का से—यह आई.पी.एल. 8वें सीजन की बात है। मुक़ाबला था रॉयल चैलेंजर्स बैंगलोर और दिल्ली डेयरडेविल्स में। जब दिल्ली की पारी ख़त्म हुई, तो विराट कोहली वी.आई.पी. रमैया जो डग आउट के पास था, में चले गये और अनुष्का शर्मा (बॉलीवुड अभिनेत्री) को वहाँ बुला लिया। दोनों के बीच करीब पाँच मिनट तक बात होती रही। यह घटना नियम विरुद्ध थी। नियम के अनुसार बी.सी.सी.आई. की तरफ़ से नियुक्त अफसरों के अलावा, कोई भी खिलाड़ी या स्टाफ मेम्बर किसी से बात नहीं कर सकता। इस पर काफ़ी विवाद भी हुआ था।

भड़के उथप्पा, सरफराज को मारने दौड़े (मीडिया रिपोर्ट्स के अनुसार)—आई.पी.एल.-8 में के.के.आर. के खिलाड़ी रॉबिन उथप्पा और रॉयल चैलेंजर्स बैंगलोर के खिलाड़ी सरफराज खान के बीच बहस हो गयी। ये कलकत्ता में हो रहे मैच की घटना है जिसमें आर.सी.बी. के क्रिस गेल आउट हुए तो सरफराज मैदान पर ड्रिंक्स लेकर आये। अचानक उथप्पा से उनकी बहस हो गयी। प्रजेण्टेशन सैरेमनी के दौरान भी बहस होती रही और उथप्पा सरफराज को मारने के लिए दौड़े, तब ए.बी. डीविलियर्स और अशोक डिंडा ने उन्हें समझाया।

पोलार्ड ने मुँह पर टेप लगाया, अनूठा मामला—यह आई.पी.एल.-8 में बेंगलुरु में खेले गये मैच की घटना है, जो मुम्बई इण्डियंस और रॉयल चैलेंजर्स बैंगलोर के बीच हो रहा था। इसमें वेस्टइंडीज के ही 2 दिग्गज खिलाड़ी पोलार्ड और क्रिस गेल के बीच विवाद हो गया था। जैसे ही ग्राउण्ड अंपायरों ने पोलार्ड को चेतावनी दी, वह दौड़कर मुम्बई के आउट एरिया में गये और विरोध जताने के लिए मुँह पर टेप लगाकर वापस आ गये। हर कोई ये देखकर भौंचक्का रह गया।

विशेष—MCC क्रिकेट की नियामक संस्था—ये क्रिकेट के नियमों का अन्तरराष्ट्रीय स्तर पर संरक्षण करने वाली संस्था है। [Marylbone cricket club is the world's most active cricket club, the owner of Lords Ground and the guardian of the laws of the game.]

मेरिलबोन क्रिकेट क्लब (Marylbone Cricket Club)

मेरिलबोन क्रिकेट क्लब (एमसीसी) लन्दन में एक क्रिकेट क्लब है। जिसकी स्थापना 1787 में की गयी थी। काफ़ी प्रभावी और पुराना होने के कारण क्लब के निजी सदस्य क्रिकेट विकास के लिए समर्पित हैं। यह लन्दन NW8 के सेंट जॉन्स वुड में लॉर्ड्स क्रिकेट ग्राउण्ड में स्थित है। एमसीसी (MCC) पहले इंग्लैण्ड और वेल्स तथा पूरी दुनिया में नियन्त्रण करने वाली इकाई थी। 1993 में इसके कई विश्वसनीय कार्यों को आईसीसी (ICC) में स्थानान्तरित कर दिया गया।

अब एमसीसी (MCC) केवल नियमों का एवं खेल भावना का संरक्षक ही रह गया है।

विशेष—MCC के कोड ऑफ़ लॉ के आधार पर आई.सी.सी. के द्वारा बदले हुए नियम 28 सितम्बर, 2017 से लागू।

- क्रिकेट के तीनों फॉर्मेट में लागू हुए बदलाव के नियम।
- क्रिकेट का खेल अब दुनियाभर में बदले हुए नियम के अनुसार नज़र आ रहा है।
- नये नियमों को अन्तरराष्ट्रीय क्रिकेट परिषद् (आई.सी.सी.) द्वारा 28 सितम्बर से लागू करने की हरी झंडी दे दी गयी।
- इन बदलावों में बल्ले का साइज, रन आउट के नियम, उत्पाती खिलाड़ी का मैच से बाहर होना, डी.आर.एस. में संशोधन आदि तय किये गये।
- इसी दौरान भारत और ऑस्ट्रेलिया के बीच भारतवर्ष में चल रही सीरीज पर ये नये नियम लागू नहीं हुए।

- आई.सी.सी. द्वारा अपने अधिकतर बदलाव मेरिलबोन क्रिकेट क्लब (MCC) के नये कोड ऑफ़ लॉ के अनुसार किये गये।
- नये नियमों को समझने के लिए आई.सी.सी. द्वारा अंपायरों का वर्कशॉप भी आयोजित कराया गया।
- हर देश के क्रिकेट बोर्ड ने अपने यहाँ जूनियर से लेकर सीनियर तक सभी स्तर पर इन बदलावों को लागू किया।
- खेल में बैटिंग और बॉलिंग के बीच सन्तुलन बनाने के लिए नियम बदल दिये गये। ये 15 नियम इस प्रकार हैं-

1. बल्ले का आकार—400 एम.एम. चौड़ाई और 67 एम.एम. मोटाई की ही इज़ाज़त है और इस मोटाई में फ़र्क़ को भी शामिल किया गया है।

2. अनुशासनहीनता—नये नियम के अनुसार हर उत्पात मचाने वाले खिलाड़ी को अंपायर रेड और येलो कार्ड दिखाकर मैदान के बाहर कर सकते हैं। और साथ ही विपक्षी टीम को पेनाल्टी रन भी दिया जा सकता है। ये दण्ड लेवल-4 के अपराध के लिए दिया जायेगा। अंपायर फ़ैसला तत्काल मान्य।

क्यों किया गया बदलाव—इण्टरनेशनल क्रिकेट में ऐसा कम ही होता है। लेकिन, लोअर लेवल के क्रिकेट में कई बार क्रिकेट खिलाड़ी हद पार कर जाते हैं। निलम्बन अस्थायी (कुछ समय के लिए) या स्थायी (पूरे मैच के लिए) हो सकता है।

3. डी.आर.एस. में बदलाव—अंपायर कॉल पर रिव्यू की संख्या कम नहीं होगी।

टेस्ट में 80 ओवर के बाद फिर से नये रिव्यू का ना मिलना।

टी-20 क्रिकेट में भी डी.आर.एस. नियम लागू हो गया।

क्यों किया गया बदलाव—पहले अंपायर कॉल के आधार पर डिसीजन पक्ष में नहीं आता था और एक रिव्यू कम हो जाता था। अब टैस्ट क्रिकेट के 80 ओवर के बाद पहले की तरह दो रिव्यू नहीं मिलते हैं। टी-20 में भी लागू है।

4. कैच के नियम में बदलाव—कोई कैच तभी मान्य होगा जब उसे लपकने के लिए फील्डर बाउण्ड्री लाइन के अन्दर से ही जम्प ले।

क्यों किया गया बदलाव—कई बार ऐसा होता था कि फील्डर खुद को ज़्यादा मौक़ा देने के लिए पहले बाउण्ड्री के बाहर चला जाता था और वहाँ से जम्प लेकर कैच लेते हुए बाउण्ड्री के अन्दर आ जाता था। नये नियम लागू होने के बाद अब बल्लेबाज को छह रन मिलते हैं।

5. रन आउट के नियम में बदलाव—अब एक बार क्रीज में बैट या शरीर का कोई हिस्सा रख देने पर बल्लेबाज रन आउट या स्टम्प आउट नहीं होगा भले ही गेंद लगते समय बैट हवा में क्यों न हो।

क्यों किया गया बदलाव—पहले कई ऐसे मौक़े आते थे जब बल्लेबाज क्रीज में पहुँच जाने के बाद बैट उठ जाने के कारण रन आउट हो जाता था। महान् भारतीय बल्लेबाज सचिन तेंदुलकर से लेकर कई खिलाड़ी इसका शिकार हो चुके थे।

6. नो बॉल के नियम में बदलाव—गेंद एक से ज़्यादा टप्पे खाकर बल्लेबाज तक पहुँची तो नो बॉल। गेंद पिच के बाहर गिरी तो नो बॉल।

क्यों किया गया बदलाव—पहले गेंदबाज से दो टप्पे पर गेंद पहुँचने को नो बॉल नहीं दिया जाता था। साथ ही पिच के बाहर गेंद गिरने पर डेड बॉल हो जाती थी। क्रिकेट की गुणवत्ता बढ़ाने के लिए अच्छा बदलाव।

7. गेंदबाज को राहत—नो बॉल पर बने बाई-लेग-बाई गेंदबाज के खाते में नहीं।

क्यों किया गया बदलाव—नो बॉल पर बल्लेबाज पहले भी आउट नहीं होता था। (रन आउट छोड़कर) और गेंदबाज को एक अतिरिक्त गेंद फेंकनी होती है। ऐसे में बाई-लेग-बाई को उससे अलग कर गेंदबाज को कुछ राहत दी गयी है।

8. हैंडल द बॉल नियम ख़त्म, ऑब्सट्रक्टिंग द फील्ड में शामिल—अब हैंडल द बॉल आउट होने को ऑब्सट्रक्टिंग द फील्ड नियम में शामिल कर दिया गया है। पहले दोनों नियम अलग-अलग थे। दोनों नियम से कई खिलाड़ी आउट हो जाते थे।

क्यों किया गया बदलाव—गेंदबाज भी फीलिंडग टीम का ही हिस्सा है और हैंडल द बॉल भी एक तरह से ऑब्सट्रक्टिंग द फील्ड के दायरे में आता है। इसलिए दोनों को मिलाकर एक ही नियम ही बना दिया गया है।

कुछ और अहम बदलाव भी हुए हैं—विकेटकीपर या फील्डर के हेलमेट से लगने के बाद डेड नहीं होगी बॉल।

9. बल्लेबाज के आउट होने पर नये बल्लेबाज के क्रीज पर आने का समय 2 से बढ़ाकर 3 मिनट हो गया है।

10. बैट से लगने के बाद फील्डर या विकेटकीपर की हेलमेट से लगकर

उछली गेंद को लपकने पर कैच को अब मान्य करार दिया जाता है। पहले यह डेड बॉल करार दिया जाता था।

11. अब गिल्लियों को स्टम्प से जोड़ा जाता है ताकि वे छिटककर किसी को चोटिल न कर सकें। ये इस तरह कनेक्ट होती हैं कि उन्हें डिसलॉज (बाहर निकालना) किया जा सकता है।

12. अगर पहले से निर्धारित किसी ब्रेक (लंच या टी) के तीन मिनट पहले विकेट गिर जाता है तो ब्रेक लिया जा सकता है। पहले ये सीमा दो मिनट की थी।

13. अब कोई टी-20 मैच 10 ओवर से कम का होता है तो एक गेंदबाज के कम से कम ओवर का कोटा दो ओवर से कम नहीं होता है। यानी अब छह ओवर के मैच में भी तीन गेंदबाज कम-से-कम दो-दो ओवर फेंक सकते हैं।

14. टेस्ट में एक समय में चार की जगह छह खिलाड़ी सबस्टीट्यूट किये जा सकते हैं।

15. अब कोई भी अपील तब तक वापस ली जा सकती है जब तक अगली गेंद न फेंक दी जाये। इसी तरह अब अंपायर कोई भी निर्णय तब तक बदल सकता है जब तक अगली गेंद न फ़ेंक दी जाये। पहले बल्लेबाज के पैवेलियन लौट जाने के बाद निर्णय नहीं बदले जा सकते थे। किन्तु अब विवादास्पद और गलत निर्णय को बदलने के लिए अधिक समय मिलता है और खेल में पारदर्शिता बढ़ जाती है।

चूँकि ये नियम 28 सितम्बर, 2017 से लागू हुए हैं, इसीलिए हम टी-20 आई.पी.एल. की इस पुस्तक में पाठकों को जानकारी देने के लिए इन नियमों का उल्लेख कर रहे हैं।

यहाँ हम अपने पाठकों को एक महत्त्वपूर्ण जानकारी उपलब्ध करा रहे हैं ताकि हमारे पाठक जो आज नये खिलाड़ियों को जानते हैं, वो कुछ ऐसे खिलाड़ियों के नाम भी जानें जिन्होंने भारत के क्रिकेट में एक नयी इबारत लिखी है। और साथ ही जिन्हें भारत सरकार ने समय-समय पर अर्जुन पुरस्कार से सम्मानित भी किया है।

किसी भी इमारत को मजबूत बनाने के लिए जिस तरह मजबूत नींव की आधारशिला रखी जाती है, ठीक वैसे ही भारतीय क्रिकेट को एक मज़बूत दिशा इन सभी खिलाड़ियों ने दी है। हम इन सभी खिलाड़ियों के नाम न देकर कुछ ऐसे खिलाड़ियों के नाम प्रकाशित कर रहे हैं जिन्हें इस सम्मान से सम्मानित

किया गया है। जिस तरह किसी मुकाम तक पहुँचने के लिए इतिहास को भुलाया नहीं जा सकता, ठीक वैसे ही हम इन सभी खिलाड़ियों को भुला नहीं सकते। इन खिलाड़ियों में से तो कुछ खिलाड़ी ही आज भी भारतीय टीम को मज़बूत बनाने की दिशा में अग्रसर हैं और अपना योगदान दे रहे हैं। जिनसे हमारे युवा खिलाड़ी बहुत कुछ सीख रहे हैं और भारतीय क्रिकेट की विश्व क्रिकेट में एक नयी पहचान ही नहीं बना रहे हैं, बल्कि ऊँचाइयों पर भी ले जा रहे हैं।

अर्जुन पुरस्कार विजेता सूची

यहाँ पर हम आपको भारतीय क्रिकेट की उपलब्धियों के साथ कुछ और महत्त्वपूर्ण बात बताना चाहते हैं। जैसा कि पाठक जानते हैं कि भारत सरकार द्वारा हर साल सर्वश्रेष्ठ प्रदर्शन करने वाले खिलाड़ियों को अर्जुन पुरस्कार से नवाज़ा जाता रहा है। भारतीय क्रिकेट के कुछ प्रमुख सितारों के नाम हम यहाँ प्रकाशित कर रहे हैं। भारत सरकार द्वारा सन् 1961 में अर्जुन पुरस्कार देने की शुरुआत हुई।

इस पुरस्कार में 500,000 आईएनआर (INR), अर्जुन की कांस्य प्रतिमा और प्रशस्ति-पत्र दिया जाता है। यह पुरस्कार सभी खेलों जैसे—बैडमिण्टन, हॉकी आदि में सर्वश्रेष्ठ खिलाड़ी को दिया जाता है।

भारतीय क्रिकेट के सन् 1961 से सन् 2017 तक के कुछ प्रमुख सितारों के नाम इस प्रकार हैं :

क्रम	वर्ष	नाम
1.	1961	सलीम दुर्रानी
2.	1964	मंसूर अली खान पटौदी
3.	1965	विजय मांजरेकर
4.	1966	चन्दु बोर्डे
5.	1967	अजित वाडेकर
6.	1968	ई.ए.एस. प्रसन्ना
7.	1969	बिशन सिंह बेदी
8.	1970	दिलीप सरदेसाई
9.	1971	श्रीनिवास वेंकटराघवन
10.	1972	एकनाथ सोलकर

11.	1972	बी.एस. चन्द्रशेखर
12.	1975	सुनील गावस्कर
13.	1976	शान्ता रंगास्वामी
14.	1977-78	गुंडप्पा विश्वनाथ
15.	1979-80	कपिल देव
16.	1980-81	चेतन चौहान
17.	1980-81	सैयद किरमानी
18.	1981	दिलीप वेंगसरकर
19.	1982	मोहिन्दर अमरनाथ
20.	1983	डायना एदुलगी
21.	1984	रवि शास्त्री
22.	1985	शुभांगी कुलकर्णी
23.	1986	मोहम्मद अजहरुद्दीन
24.	1986	सन्ध्या अग्रवाल
25.	1989	मदन लाल
26.	1993	मनोज प्रभाकर
27.	1993	किरण मोरे
28.	1994	सचिन तेन्दुलकर
29.	1995	अनिल कुंबले
30.	1996	जवागल श्रीनाथ
31.	1997	अजय जाड़ेजा
32.	1997	सौरव गांगुली
33.	1998	राहुल द्रविड़
34.	1998	नयन मोंगिया
35.	2000	बी.के. वेंकटेश प्रसाद
36.	2001	वीवीएस लक्ष्मण

37.	2002	वीरेन्द्र सहवाग
38.	2003	हरभजन सिंह
39.	2003	मिताली राज
40.	2005	अंजू जैन
41.	2006	अंजू चोपड़ा
42.	2009	गौतम गम्भीर
43.	2010	झूलन गोस्वामी
44.	2011	ज़हीर ख़ान
45.	2012	युवराज सिंह
46.	2013	विराट कोहली
47.	2014	रविचन्द्रन अश्विन
48.	2015	रोहित शर्मा
49.	2016	अजिंक्य रहाणे
50.	2017	हरमन प्रीत कौर
51.	2017	चेतेश्वर पुजारा

चीयर लीडर्स

आई.पी.एल. में क्रिकेट खिलाड़ियों की तरह चीयर लीडर्स भी टूर्नामेंट का अहम हिस्सा हैं। हम अपने पाठकों को बताना चाहेंगे कि आई.पी.एल. में चीयर लीडर्स को एक मैच के लिए कितने रुपये मिलते हैं और कौन-सी टीम उन्हें सबसे ज़्यादा पैसे देती है। चीयर लीडर्स की कमाई से जुड़ी कुछ अहम बातें।

चीयर लीडर्स अब मैदान पर ही दिखाई देंगी और खिलाड़ियों के पास नहीं जा सकेंगी। आई.पी.एल. में चीयर लीडर्स को हर टीम की ओर से पैसे दिये जाते हैं। लेकिन उन्हें हर मैच के अनुसार औसत छह हज़ार रु. दिये जाते हैं।

साल 2016 के आँकड़ों के अनुसार मैच जीतने पर चीयर लीडर्स को तीन हज़ार रु. अतिरिक्त बोनस भी दिया जाता है और पार्टी व एक्स्ट्रा अपीयरेंस के लिए अलग से पैसा दिया जाता है, जो कि सात हज़ार से बारह हज़ार रु. तक है। चीयर लीडर्स को पाँच हज़ार रु. फोटो शूट के लिए भी दिये जाते हैं।

बताया जाता है कि कोलकाता नाइट राइडर्स चीयर लीडर्स को सबसे ज़्यादा पैसे देता है और आई.पी.एल.-9 में टीम ने चीयर लीडर्स की फ़ीस में 10 फ़ीसदी का इजाफ़ा भी किया है। के.के.आर. की ओर से हर मैच के बारह हज़ार रु. दिये जाते हैं।

के.के.आर. के बाद रॉयल चैलेंजर बैंगलोर (RCB) चीयर लीडर्स को सबसे ज़्यादा पैसे देता है। आर.सी.बी. की ओर से चीयर लीडर्स को दस हज़ार रु. प्रति मैच के हिसाब से दिये जाते हैं। वहीं बोनस के रूप में तीन हज़ार रुपये दिये जाते हैं।

वहीं मुम्बई इण्डियंस की चीयर लीडर्स को सात से आठ हज़ार रुपये प्रति मैच दिये जाते हैं और साथ ही उनकी अन्य कमाई भी मैच फ़ीस के आधार पर तय की जाती है। (स्रोत : फेसबुक)

चीयर लीडर्स का जलवा—यहाँ आई.पी.एल. की चकाचौंध और जलवे को बढ़ाने के लिए हर एक टीम के पास उनकी चीयर लीडर्स की एक टीम होती है। यहाँ आई.पी.एल. के दस वर्ष के इतिहास में जितनी चर्चाएँ टीम और खिलाड़ियों की होती है उतनी ही चर्चा चीयर लीडर्स की भी होती है। मैच के दौरान हर चौके, छक्के और विकेट पर चीयर लीडर्स का डांस दर्शकों में नया उत्साह भर देता है।

यहाँ हम आपको बता दें कि ज़्यादातर चीयर लीडर्स कोरियोग्राफी ग्रुप से जुड़ी हुई होती हैं। हालाँकि, इनमें से कइयों के पास अच्छी डिग्री भी होती है। कुछ चीयर लीडर्स के पास फिजीशियन इन ट्रेनिंग, ग्रेजुएट मेडिकल एजुकेशन और एंथ्रोपोलॉजी तक की डिग्री होती है।

प्रोफ़ेशनल चीयर लीडर्स—आई.पी.एल. मैच की चीयर लीडर्स बहुत ही प्रोफ़ेशनल होती हैं। चीयर लीडर्स को बोनस और स्पेशल अपीयरेंस के लिए प्रति मैच अलग से पेमेंट मिलती हैं। ये पैसे भी लगभग एक मैच की फ़ीस के बराबर होते हैं।

चीयर लीडर्स कैसे करती है ऊपरी कमाई—यहाँ अगर पाठकों के मन में चीयर लीडर्स की ऊपरी कमाई को लेकर कुछ चल रहा है तो वह भूल जाइये। आई.पी.एल. चीयर लीडर्स बहुत प्रोफ़ेशनल होती हैं और कइयों के पास अच्छी एजुकेशनल डिग्री होती है।

ये चीयर लीडर्स मैच के अलावा जिन कामों से और पैसे कमाती हैं उनमें शामिल हैं—

- आफ्टर मैच पार्टी जिसमें चीयर लीडर्स को पन्द्रह हज़ार रु. तक मिलते हैं।
- इसके अलावा मैच जीतने पर फ्रेंचाइजी चीयर लीडर्स को बोनस देती है।
- एक्स्ट्रा अपीयरेंस, यानी मैच के अलावा अन्य जगहों पर टीम का उत्साह बढ़ाने के लिए चीयर लीडर्स को बारह हज़ार रु. तक मिलते हैं।

- अख़बारों में और मैगज़ीन्स के लिए फ़ोटो शूट के जरिए कमाई करती हैं चीयर लीडर्स।

कहाँ से आती हैं चीयर लीडर्स—आई.पी.एल. के रोमांच को दुगना करने के लिए चीयर लीडर्स दुनियाभर से आती हैं। इसमें ज़्यादातर चीयर लीडर्स अमेरिका और ब्रिटेन से होती हैं। यहाँ बहुत-सी चीयर लीडर्स मैक्सिको, ब्राजील, फ्रांस और अमेरिका जैसे देशों से भी आती हैं। अब कुछ मैच में भारतीय चीयर लीडर्स भी देखी जा रही हैं तो अब यहाँ हम कुछ विश्लेषण कर देते हैं।

प्रति मैच रकम	: छह-बारह हज़ार रु. (मैच में परफॉर्म करने के आधार पर)
जीत पर बोनस	: तीन हज़ार रु. फ्रेंचाइजी देती है।
एक्स्ट्रा अपीयरेंस	: सात-बारह हज़ार रु. (पार्टी/इवेंट)
फ़ोटो शूट	: पाँच हज़ार तक (अख़बार/मैगज़ीन के लिए)

बोनस देने का चलन सभी फ्रेंचाइजी में नहीं है।

पार्टी या इवेंट के लिए भी टीमें मैच फ़ीस के हिसाब से पेमेंट करती हैं।

कैसे चुनी जाती हैं चीयर लीडर्स और कैसे परफॉर्मेंस करना सिखाया जाता है—दरअसल इन चीयर लीडर्स को बाकायदा एक सेलेक्शन ट्रायल के बाद फाइनल किया जाता है। इस ट्रायल में सैकड़ों चीयर लीडर्स हिस्सा लेती हैं जिनमें से कुछ लोगों को ही आई.पी.एल. में मौक़ा दिया जाता है। ये ट्रायल पूरी दुनिया में चलाया जाता है, जिसमें साउथ अफ्रीका, अमेरिका और कनाडा जैसे देशों का डामिनेन्स रहता है।

चीयर लीडर्स को कई घंटों प्रैक्टिस करनी पड़ती है। दरअसल इनका सलेक्शन ट्रायल ही इनकी डांस एक्टिविटी को देखकर किया जाता है।

हर मैच से पहले ये चीयर लीडर्स हिन्दी बॉलीवुड सांग्स व टीम के थीम सांग्स पर प्रैक्टिस करती हैं।

दिलचस्प बात ये होती है कि इन्हें गाने के बोल पता ही नहीं होते हैं, लेकिन इसके बावजूद वो धुन को पकड़कर उसके साथ कदमताल करती हैं।

उन्हें एक डांस टीचर भी दिया जाता है, जो इन्हें प्रैक्टिस करने में मदद करता है।

कमेण्ट्स तक सुनने पड़ते हैं—चीयर लीडर्स का काम इतना भी आसान नहीं होता, क्योंकि जब वो मैदान पर परफॉर्म करती हैं तो उन्हें दर्शकों की हूटिंग भी झेलनी पड़ती है। कई दर्शक गन्दी फब्तियाँ भी कसते हैं, लेकिन वो उन पर ध्यान नहीं देती हैं।

एक चीयर लीडर के मुताबिक़ -हिन्दी में गालियाँ उन्हें समझ में नहीं आतीं, लेकिन जब कुछ लोग अंग्रेज़ी में उन्हें गालियाँ या अश्लील बातें करते हैं तो उन्हें खराब लगता है। हालाँकि वो किसी बात पर रिएक्ट नहीं करती हैं। तीसरी बार आई.पी.एल. का हिस्सा बनी एक चीयर लीडर्स के मुताबिक़–आई.पी.एल. की शुरूआत में ये सारी चीज़ें ज़्यादा होती थीं, लेकिन अब धीरे-धीरे बदलाव आ गया है। अब लोग सिर्फ़ मैच के साथ उन्हें नहीं उनके डांस को भी देखने आते हैं।

(स्रोत जनसत्ता)

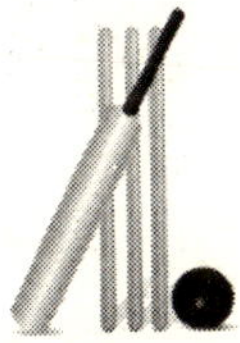

आई.पी.एल. : सब कुछ पहली बार

कुछ रोचक जानकारी

1. आई.पी.एल. में पहला शतक लगाने वाले खिलाड़ी थे—**ब्रेंडन मैकुलम** तारीख़ 18 अप्रैल, 2008, स्टेडियम एम. चिन्नास्वामी, बेंगलुरु। रन- 158 नॉट आउट (कोलकाता नाइट राइडर्स की तरफ़ से खेलते हुए रॉयल चैलेंजर्स बैंगलोर के ख़िलाफ़), 73 बॉल्स (13 छक्के और 10 चौके)।
2. **आई.पी.एल. में पहले शतक लगाने वाले भारतीय**—मनीष पाण्डे पूरा नाम मनीष कृष्णानन्द पाण्डे।
3. महेन्द्र सिंह धोनी, गौतम गम्भीर और रोहित शर्मा ने कप्तान रहते हुए दो-दो बार आई.पी.एल. खिताब अपने नाम किया है।
4. इनमें कुछ विदेशी खिलाड़ी शेन वार्न, एडम गिलक्रिस्ट और डेविड वार्नर भी हैं जो कप्तान रहते हुए आई.पी.एल. खिताब अपने नाम कर चुके हैं। ये तीनों खिलाड़ी ऑस्ट्रेलिया के हैं।
5. भारत रत्न सचिन तेन्दुलकर ने सन् 2013 में आई.पी.एल. खिताब अपने नाम करते हुए अपने रिटायरमेण्ट की घोषणा की।
6. 2008 आई.पी.एल. में राजस्थान रॉयल्स की तरफ़ से खेलते हुए पाकिस्तान के सोहेल तनवीर ने एक शानदार बॉलिंग की। 4-0-16-6 [O/M/R/W]
7. आई.पी.एल. में पहली हैट्रिक बनाने का श्रेय सन् 2008 में एक बहुत ही उम्दा भारतीय खिलाड़ी लक्ष्मीपत बालाजी के नाम है जो उन्होंने किंग्स इलेवन पंजाब के ख़िलाफ़ बनाई। बालाजी ने कुल 5 विकेट अपने नाम किये। ये हैट्रिक मैच के आख़िरी ओवर में बनाई गयी। दिल्ली के अमित मिश्रा और चेन्नई सुपरकिंग्स के मखाया एंटिनी को भी टूर्नामेंट की हैट्रिक का श्रेय जाता है।

8. राजस्थान रॉयल्स ने पहला आई.पी.एल. अपने नाम चेन्नई सुपरकिंग्स को निर्णायक मैच में तीन विकेट से हराकर किया। ये जीत मैच की आख़िरी गेंद पर हुई–डी.वाय. पाटिल स्टेडियम, मुम्बई में। ये जीत इसलिए भी ख़ास थी कि कुल 16 में से 13 मैच राजस्थान रॉयल्स ने जीते और अपने घरेलू मैदान पर एक भी मैच नहीं हारा।

9. पहला सुपर ओवर के.के.आर. और आर.आर. के बीच 2009 में डाला गया। इस सुपर ओवर में के.के.आर. 15/1 का स्कोर किया। इसके जवाब में आर.आर. के युसूफ पठान ने चार बॉल में 18 रन बनाकर मैच आर.आर. की झोली में डाल दिया।

आई.पी.एल. में उभरते हुए खिलाड़ी

1.	2008	श्रीवत्स गोस्वामी (रॉयल चैलेंजर बैंगलोर 2008)	82 रन
2.	2009	रोहित शर्मा (डेक्कन चार्जर्स 2009)	362 रन
3.	2010	सौरभ तिवारी (मुम्बई इण्डियंस 2010)	419 रन
4.	2011	इक़बाल अब्दुल्ला (कोलकाता नाइट राइडर्स 2011)	16 विकेट
5.	2012	मनदीप सिंह (किंग्स इलेवन पंजाब 2012)	432 रन
6.	2013	संजू सैमसन (राजस्थान रॉयल्स 2013)	206 रन
7.	2014	अक्षर पटेल (किंग्स इलेवन पंजाब)	17 विकेट
8.	2015	श्रेयश अय्यर (दिल्ली डेयरडेविल्स)	439 रन
9.	2016	मुश्ताफिर रहमान (सनराइजर्स हैदराबाद)	17 विकेट
10.	2017	ऋषभ पन्त (दिल्ली डेयरडेविल्स)	366 रन

भारतवर्ष में टेलेण्ट की कमी नहीं है। आई.पी.एल. के शुरू होने से अब तक के 10 वर्षों के सफ़र में बहुत सारे क्रिकेट के दिग्गज देखने को मिले जिन्होंने अपने प्रदर्शन से बताया कि मौक़ा मिलने पर वो किसी से कम नहीं। भारत देश ऐसे युवा क्रिकेट खिलाड़ियों से भरा पड़ा है जिन्होंने अपने प्रदर्शन से सभी को बहुत प्रभावित किया है और मनोरंजन करने में कोई कसर नहीं छोड़ी है। जिस फटाफट क्रिकेट को देखने और मनोरंजन का लुत्फ़ उठाने दर्शक आते हैं, हमारे इन युवा खिलाड़ियों ने उन सभी का मनोरंजन और अपने प्रदर्शन से सभी को मन्त्रमुग्ध किया है।

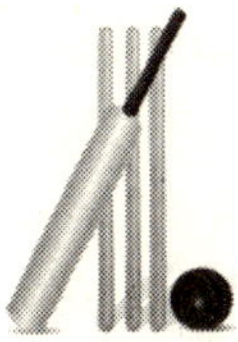

आई.पी.एल. की कुछ कड़वी यादें

आई.पी.एल. मैच फिक्सिंग में चेन्नई सुपर किंग्स एवं राजस्थान रॉयल्स दो सालों के लिए निलम्बित : दुनिया में सुपर एण्टरटेनमेण्ट लीग के नाम से मशहूर आई.पी.एल. में सन् 2015 यानी आई.पी.एल.-8 में एक बहुत बड़ा विवाद सामने आया।

सट्टेबाजी के कारण आई.पी.एल. लज्जित हो गया। आई.पी.एल. में सट्टे की चर्चा पहले से ही सुनी जा रही थी। टीमों के मालिक और कुछ खिलाड़ियों से कई बार पूछताछ भी हुई तो कुछ बातें उजागर हुईं।

आई.पी.एल. स्पॉट फिक्सिंग की जाँच के लिए सुप्रीम कोर्ट द्वारा बनाई गयी जाँच कमेटी ने जुलाई, 2015 में एक बहुत ही अहम फ़ैसला सुनाया। सुनाई गयी सजा के अनुसार—

श्रीनिवासन के दामाद और चेन्नई सुपर किंग्स से जुड़े मयप्पन और राजस्थान रॉयल्स के राज कुन्द्रा को जीवनभर के लिए प्रतिबन्धित करने के साथ दोनों की टीमों पर भी दो साल के लिए प्रतिबन्ध लगा दिया। जस्टिस लोढा, जो देश के पूर्व मुख्य न्यायाधीश रह चुके हैं, की जाँच टीम ने ये फ़ैसला सुनाया।

गुरुनाथ मयप्पन जो कि सीएसके टीम के मुख्य थे, उन पर करप्शन और सट्टेबाजी करने के आरोप साबित हुए और दूसरी तरफ़ आई.पी.एल. में नाम कमाने वाले राजस्थान रॉयल्स के मालिक राज कुन्द्रा पर सट्टेबाजी में शामिल होने और बुकीज के साथ सम्पर्क होने की बात साबित होने पर उन्हें लाइफ टाइम बैन कर दिया गया था। अब मयप्पन और राज कुन्द्रा ज़िन्दगीभर इस खेल से नहीं जुड़ सकते। इससे खेल की प्रतिष्ठा को भी नुक़सान पहुँचता है।

इन लोगों के अलावा सुन्दर रमन जो उस समय आई.पी.एल. के कार्यकारी सीईओ थे, के ख़िलाफ़ लोढा कमेठी ने जाँच बिठा दी थी। बिन्दु दारा सिंह

से कई बार बात करने के सन्देह को लेकर सुन्दर रमन भी जाँच के घेरे में आ गये थे।

कोर्ट ने श्रीनिवासन को तो फिक्सिंग के दोषों से बरी कर दिया था। पर चुनाव लड़ने पर रोक लगा दी।

उस समय गठित लोढा कमेठी के तीन मुख्य कार्य थे-

1. मयप्पन, कुन्द्रा और फ्रेंचाइज़ी टीमों की सजा निर्धारित करना।

2. तत्कालीन सीईओ के सट्टेबाजी में लिप्त होने की जाँच और दोषी पाये जाने पर बीसीसीआई से जुर्माना लगवाना।

3. तीसरा कार्य भ्रष्टाचार और नैतिकता की कमी से जूझ रहे भारतीय क्रिकेट कण्ट्रोल बोर्ड को उचित सलाह-सुझाव देना।

राज कुन्द्रा एक ऐसे शख़्स हैं जो ऐशोआराम की ज़िन्दगी जीने के बाद भी और कमाने के लालच के कारण दागदार हो गये। उन्होंने 18 साल की उम्र में शॉल बेचकर अपना बिजनेस शुरू किया था और आज वे दस अलग-अलग क्षेत्रों की कम्पनियों के मालिक हैं। उनकी कमाई का हिस्सा आई.पी.एल. भी था। आई.पी.एल. के ज़रिये नाम कमाने वाले राज कुन्द्रा उसी क्षेत्र में सट्टेबाजी और भ्रष्टाचार में लिप्त होकर अपना नाम बदनाम कर बैठे।

जस्टिस लोढा ने कहा कि इससे बीसीसीआई की छवि को बहुत नुक़सान पहुँचा है।

आई.पी.एल. स्पॉट फिक्सिंग मामले में तय किये गये आरोप जस्टिस लोढा कमेटी ने इस प्रकार रखे।

	महत्त्वपूर्ण तारीखें	आरोपित मामले
1.	16 मई, 2013	राजस्थान रॉयल्स के खिलाड़ी एस. श्रीसन्त, अंकित चव्हाण और अजित चंडीला को पुलिस ने गिरफ़्तार किया।
2.	21 मई, 2013	सट्टेबाजों के साथ सम्बन्ध के आरोपी फ़िल्म एक्टर बिन्दु दारा सिंह गिरफ़्तार हुए।
3.	24 मई, 2013	गुरुनाथ मयप्पन को गिरफ़्तार किया गया।
4.	2 जून, 2013	बी.सी.सी.आई. बैठक में दो रिटायर्ड जजों के साथ कमेटी बनायी गयी।

5.	11 जून 2013	श्रीसन्त और अंकित चव्हाण को जमानत पर रिहाई का आदेश।
6.	28 जुलाई, 2013	कमेटी ने राजस्थान रॉयल्स और चेन्नई सुपर किंग्स को क्लीन चिट दी।
7.	5 अगस्त, 2013	दो जजों की बनी कमेटी की रिपोर्ट को निरस्त करने हेतु बीसीसीआई ने सुप्रीम कोर्ट में अपील की।
8.	13 दिसम्बर, 2013	श्रीसन्त और अंकित चव्हाण पर बीसीसीआई द्वारा आजीवन प्रतिबन्ध लगाया गया।
9.	7 अक्टूबर, 2013	जस्टिस मुदुला को फिंक्सिग मामले की कमेटी का हैड बनाया गया।
10.	3 नवम्बर, 2013	सुप्रीम कोर्ट को मुद्गल कमेटी की रिपोर्ट दी गयी।
11.	22 जनवरी, 2015	कोर्ट ने राज कुन्द्रा और मयप्पन को आई.पी.एल. सट्टेबाजी में दोषी माना और जस्टिस लोढा के अण्डर में कमेटी बनाई गयी।
12.	14 जुलाई, 2015	फिक्सिंग मामले में मयप्पन और कुन्द्रा पर आजीवन प्रतिबन्ध लगाया गया और दोनों फ्रेंचाइज़ी राजस्थान रॉयल्स और चेन्नई सुपर किंग्स पर दो साल के लिए प्रतिबन्ध लगाया गया।

क्रिकेट जगत से जुड़े वरिष्ठ पत्रकार राजदीप सरदेसाई की किताब में भारतीय टीम के महत्त्वपूर्ण खिलाड़ी महेन्द्र सिंह धोनी ने खुलकर बात की है। धोनी ने वर्ष 2008 से 2015 तक आई.पी.एल. की फ्रेंचाइज़ी सी.एस.के. की कप्तानी की है। हम आपको बता दें कि एक बहुत ही कड़वी याद आई.पी.एल. की फिक्सिंग और सट्टेबाजी कांड से जुड़ी हुई है। फिक्सिंग और सट्टेबाजी काण्ड ने आई.पी.एल. को बुरी तरह हिला दिया था। इस काण्ड में क्रिकेटरों एस. श्रीसन्त, अजीत चंडीला के अलावा और भी कई क्रिकेट से जुड़े लोगों के नाम सामने आये थे।

राजस्थान रॉयल्स के सहमालिक राज कुंद्रा के अलावा चेन्नई सुपर किंग्स के मालिक एन. श्रीनिवासन के दामाद गुरुनाथ मयप्पन का नाम भी इस प्रकरण में सामने आया था।

सुप्रीम कोर्ट में सट्टेबाजी में लिप्त पाये जाने के बाद मयप्पन पर क्रिकेट से जुड़ने पर आजीवन प्रतिबन्ध लगा दिया था।

जाँच एजेंसियों ने इस मामले में कई लोगों से बात की थी। भारतीय क्रिकेट टीम के पूर्व कप्तान महेन्द्र सिंह धोनी से भी इस मामले पर बात की गयी थी।

तब यह बात सामने आयी थी कि धोनी ने मयप्पन को क्रिकेट का दीवाना बताया था। वर्ष 2015 में उनकी टीम चेन्नई सुपर किंग्स को भी प्रतिबंधित कर दिया गया था। इसके अलावा एक और टीम राजस्थान रॉयल्स पर भी दो साल का बैन लगा था। इस मामले में धोनी को भी जाँच एजेंसियों के सामने पेश होना पड़ा था। धोनी ने जाँच एजेंसियों से क्या कहा, इस पर काफ़ी अनुमान लगाये गये। (धोनी ने किताब में कहा है कि 'यह बात पूरी तरह ग़लत है कि मयप्पन क्रिकेट का दीवाना है। मैंने सिर्फ़ इतना कहा था कि मैदान के फ़ैसलों से उसका कोई लेना-देना नहीं था। मैं तो एन्थुसिएस्ट ('Enthusiast') शब्द का सही उच्चारण भी नहीं कर सकता हूँ।)

(नवभारत टाइम्स डॉट कॉम (NavbharatTimes.com Oct. 27.2017))

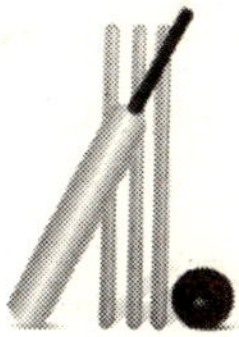

आई.पी.एल. 2018

अब एक महत्त्वपूर्ण ख़बर सभी क्रिकेट प्रेमियों के लिए—आई.पी.एल.-2018 में हिस्सा लेने वाली सभी आठों टीमों द्वारा ने अपने-अपने फेवरेट खिलाड़ियों को रिटेन कर लिया गया था। कोलकाता नाइट राइडर्स ने अपने पूर्व कप्तान गौतम गम्भीर को रिटेन न करके दिल्ली के इस बल्लेबाज को बड़ा झटका दिया था। अब यह साफ़ है कि के.के.आर. अब अपना नया कप्तान चुनने जा रही थी। जबकि रॉयल चैलेंजर्स बैंगलोर ने अपने कप्तान विराट कोहली को 17 करोड़ रुपये में रिटेन किया था। इसके बाद विराट कोहली आई.पी.एल. में सबसे ज़्यादा रकम पाने वाले खिलाड़ी बन गये थे। वहीं कप्तान महेन्द्र सिंह धोनी और सुरेश रैना की फिर से घर में वापसी हुई थी। इन दोनों को चेन्नई सुपर किंग्स ने रिटेन किया था।

अब हम आपको इस 11वें संस्करण के रिटेन किये गये खिलाड़ी और किस टीम ने कितनी रकम चुकाई है, के बारे में बताते हैं।

नाम	**(रकम करोड़ों में)**
चेन्नई सुपरकिंग्स	
महेन्द्र सिंह धोनी	15
सुरेश रैना	11
रवीन्द्र जडेजा	07
सनराइजर्स हैदराबाद	
डेविड वार्नर	12
भुवनेश्वर कुमार	08
किंग्स इलेवन, पंजाब	
अक्षर पटेल	6.75

दिल्ली डेयरडेविल्स

ऋषभ पन्त	08
क्रिस मोरिस	7.1
श्रेयस अय्यर	07
के.के.आर.	
सुनील नारायण	8.5
आंद्रे रसेल	07
मुम्बई इण्डियंस	
रोहित शर्मा	15
हार्दिक पाण्ड्या	11
जसप्रीत बुमराह	0.7
राजस्थान रॉयल्स	
स्टीव स्मिथ	12
रॉयल चैलेंजर्स बैंगलोर	
विराट कोहली	17
ए.बी. डीविलियर्स	11
सरफराज ख़ान	1.75